海洋强国·海洋装备关键技术与理论丛书

国家出版基金项目
NATIONAL PUBLICATION FOUNDATION

船舶柴油机
颗粒物后处理技术

陈爱国　唐伟炜　肖　华　李　军　编著

哈尔滨工程大学出版社
Harbin Engineering University Press

内容简介

船舶柴油机颗粒物排放对环境和人体健康造成的影响日益凸显,各国政府和国际组织也对此加强了监管及限制。随着人们环保意识的提高,船舶行业对柴油机颗粒物后处理技术的需求不断增加。本书详细介绍了船舶柴油机颗粒物后处理及应用技术,对技术进行了结构上的优化,并进行了尾气测试试验,解决了 DPF 装置堵塞、再生、续航的问题。

本书对于船舶行业的研发和管理人员来说是具有参考价值的技术手册,同时也适合相关专业的本科生和研究生阅读、使用。

图书在版编目(CIP)数据

船舶柴油机颗粒物后处理技术／陈爱国等编著.
哈尔滨 ：哈尔滨工程大学出版社, 2025. 1. -- ISBN
978-7-5661-4621-2
Ⅰ. U664.9
中国国家版本馆 CIP 数据核字第 2025GT3525 号

船舶柴油机颗粒物后处理技术
CHUANBO CHAIYOUJI KELIWU HOUCHULI JISHU

选题策划	雷　霞
责任编辑	刘海霞
封面设计	李海波

出版发行	哈尔滨工程大学出版社
社　　址	哈尔滨市南岗区南通大街 145 号
邮政编码	150001
发行电话	0451-82519328
传　　真	0451-82519699
经　　销	新华书店
印　　刷	哈尔滨午阳印刷有限公司
开　　本	787 mm×1 092 mm　1/16
印　　张	9.75
字　　数	232 千字
版　　次	2025 年 1 月第 1 版
印　　次	2025 年 1 月第 1 次印刷
书　　号	ISBN 978-7-5661-4621-2
定　　价	60.00 元

http://www.hrbeupress.com
E-mail:heupress@ hrbeu.edu.cn

前　言

随着人们环保意识的不断提升,船舶柴油机颗粒物排放对环境和人体健康的影响日益受到关注。各国政府和国际组织相继出台了更为严格的排放标准和管控措施,这给船舶行业提出了新的挑战。在此背景下,开发高效可靠的船舶柴油机颗粒物后处理装置具有重要的现实意义。

本书系统介绍了船舶柴油机颗粒物后处理技术的最新进展,重点阐述了颗粒捕集器(DPF)装置的结构优化设计、安装应用及性能测试等关键技术。通过创新性地提出旋转式非对称性孔道技术(ACT)结构 DPF 微波再生装置和螺旋电加热双通道 DPF 装置等解决方案,有效解决了传统 DPF 装置在实际应用中面临的易堵塞、难再生和续航差等技术难题。

本书内容依托于陈爱国教授主持的科研项目研究成果,该研究工作得到了广东省环境保护基金会的大力支持。全书共 9 章,由项目组成员合作完成。陈爱国教授负责第 2 章和第 3 章的编写,重点介绍了相关基础理论和技术原理;唐伟炜博士承担第 5 章、第 6 章和第 8 章的编写工作,详细阐述了 DPF 装置的优化设计和性能测试;肖华副教授执笔第 1 章和第 7 章,系统总结了行业现状和发展趋势;李军博士撰写第 4 章和第 9 章,深入探讨了工程应用案例和未来展望。此外,研究生郭雁泽和张凤杨协助完成了资料收集和整理工作,为本书的编写提供了重要支持。

本书既可作为船舶行业研发和管理人员的技术参考手册,也适合作为相关专业本科生和研究生的学习资料。笔者期望此书能为促进船舶柴油机颗粒物后处理技术的发展和应用做出贡献,推动船舶行业的绿色可持续发展。

本书的撰写得到了众多专家学者的支持和帮助,在此表示衷心的感谢。由于时间仓促加之作者水平有限,书中难免存在疏漏和不足,恳请读者批评指正。

编著者
2024 年 11 月

目　　录

第1章 船舶柴油机尾气排放
与海洋环境保护要求

1.1 碳达峰与碳中和

我国提出的 2030 年实现碳达峰、2060 年实现碳中和的目标(简称"双碳"目标),给船舶柴油机发展带来了全新的挑战。目前,95%以上的商船的动力采用的是柴油机,这主要是因为船舶柴油机具有较好的经济性,并且操作简单,能够满足船舶远航的持续功率输出需求等。未来 10 年,其他动力还很难取代柴油机用于远洋船舶。目前船用动力系统也有采用电力推动的,但其电力来源也主要是柴油发电机组。面对排放法规的限制要求,船舶柴油机行业面临很大的挑战。面对碳达峰、碳中和目标,船用动力在节能减排方面有着非常大的技术改进空间。船舶柴油机主要通过 3 条技术路线实现减碳[1]:首先是提高船舶柴油机自身的效率,很多碳排放是由柴油燃烧不充分、效率不高造成的,柴油机效率的提高本身就是减排;其次是研究采用替代燃料,如开展大功率的船用气体发动机、甲醇发动机、氨燃料发动机以及氢发动机的关键技术研究,这些替代燃料本身碳排放很低或者不产生碳;最后是发展碳排放的治理技术,目前国际上多采用碳捕捉、二氧化碳(CO_2)捕捉以及封存技术,其研究还需要一定时间。当前船舶柴油机面临的最大挑战就是实现"双碳"目标,还有不足 10 年的时间来实现碳达峰。目前船舶柴油机已有了明显的技术进步。以碳达峰、碳中和为目标的低碳绿色发展将给船舶柴油机产业带来深刻变革,也为我国船舶柴油机技术改进吹响了减碳的号角。

1.2 海洋生态环境保护要求

海洋占据了地球表面超过70%的面积,是生命的起源之地。地球上约97%的水都存在于海洋中,因而海洋是全球气候和天气的主要"驱动源"。近年来,地球上许多破坏力极强、影响广泛的极端天气事件都源自海洋孕育的厄尔尼诺现象、台风、热带气旋活动等气候现象。海洋内部的洋流运动以及海陆之间的环流,塑造了地球上丰富多彩的自然景观和复杂多样的天气现象。海洋还是全球气候的"调节器",它通过存储和释放自身能量,与大气进行水汽和热能交换,使地球系统能量保持动态平衡。海洋吸收了大气中大量的二氧化碳,是气候系统最大的碳汇体[2]。海洋中有多达 20 余万种生物,为人类提供了食物,海洋同时也为人类提供了大量的绿色能源,包括波浪能、潮汐能、温差能、海流能、盐差能等。海洋是水上运输的重要通道,国际海洋货物运输则是国际贸易中主要的运输方式。我国80%以上的进出口货物运输是通过海洋运输进行的。海洋在可持续发展、气候变化和减少灾害风险等全球性问题中处于核心地位,对地球及人类的发展有着至关重要的作用和意义。

然而随着社会和经济的不断发展,越来越多的海洋开发行为对海洋造成了伤害,海洋环境破坏和污染问题愈加严重。海洋原来的状态已被人类改变,海洋生态系统遭到了破坏。污染物排放入海,使海洋生态环境质量下降,从而危害生物资源的生存及人类健康,并影响人类在海上的其他活动。虽然海洋面积辽阔,储水量巨大,长期以来是地球上最稳定的生态系统,但近几十年来人类活动产生的各种物质流入海洋,被海洋接纳,致使海洋的污染问题不断加剧,局部海域环境已经发生了较大变化并在不断扩展。由于海洋本身自净能力有限,许多迹象表明海洋已无力再承受持续的污染,保护海洋生态环境已刻不容缓。

1.2.1 海洋生态环境污染的特点

海洋生态环境污染与陆地、大气污染有很多不同之处,有其特殊性[3]:

(1)污染源众多。不但人类在海洋的活动可以污染海洋,而且人类在陆地上和空中所产生的污染物,也将通过江河径流、大气扩散和降水等形式,最终汇入海洋。污染的形式多种多样,有空气污染、噪声污染、水污染等。

(2)持续性较强。海洋不同于大气和江河,作为地球上地势最低的区域,无法通过一次暴雨或汛期转移或消除污染物。污染物在进入海洋后就很难再转移出去,因而不能分解的物质会在海洋中越积越多,并通过生物的浓缩作用和食物链传递,对包括人类在内的多种生物造成潜在威胁。例如,有毒物质(如重金属、毒性有机化合物等)在海域中会不断累积,通过海洋生物的富集作用,对海洋动物及以此为食的其他生物持续形成毒害。

(3)扩散范围较广。全球海洋是相互连通的,是一个整体,一个海域污染了,往往会扩散到周边,甚至有的后期效应还会波及全球。例如,当一处发生石油污染时,石油会在海洋表面形成巨大面积的油膜,阻止空气中的氧气向海水中溶解,同时石油的分解也会消耗水中的溶解氧,造成海水缺氧,危害大范围的海洋生物。由好氧有机物污染引起的赤潮(海水富营养化的结果)会造成海水缺氧,导致海洋生物死亡。海洋污染还会破坏海滨旅游资源。

(4)污染控制难、危害大。海洋污染有很长的积累过程,不易被及时发现,一旦形成污染,需要长期治理才能消除影响,且治理费用大,造成的危害会影响到各个方面,特别是对人体产生的毒害,更是难以彻底清除。海洋污染造成海水质量下降,严重影响海藻等海洋植物的光合作用,从而影响海域的生产力,同时也危害鱼类。

1.2.2 海洋生态环境污染的来源

1. 陆源污染

来自陆地的污染源主要是沿海排污口排放的生产污水,这些污水汇入海洋,向海洋排入大量废物,对海洋生态环境造成污染。实际上,海洋污染主要发生在靠近大陆的海湾处。由于存在密集的人口和工业,大量的废水和固体废物被倾入海中,加上海岸线曲折造成水流交换不畅,海水的温度、pH值、含盐量、透明度、生物种类和数量等性状发生改变,对海洋的生态平衡构成危害。随着沿海地区社会经济的发展,工业和生活污水等不断增加,排污口的数量也逐渐增加,存在排放污染物不符合要求的现象。常见超标物质有重金属、有机物、硫酸盐、化学毒物和氨氮等。海洋污染的突出表现为石油污染、赤潮、有毒物质累积、塑料污染和核污染等几个方面。污染最严重的海域有波罗的海、地中海、东京湾、纽约湾、墨西哥湾等。就国家来说,沿海污染严重的有日本、美国、西欧诸国等。我国的渤海、黄海、东海和南海的污染状况也相当严重,虽然汞、镉、铅的浓度总体上尚在标准允许范围之内,但已有局部的超标区;化学需氧量在各海域中有超标现象。其中污染最严重的渤海,由于污染已造成渔场外迁、鱼群死亡、赤潮泛滥,有些滩涂养殖场已荒废,一些珍贵的海生资源正在消失。

流入海洋的污染物中超过 50% 会进入渔业资源开发和养护区,约 20% 会流入港口航运区,约 5% 会流入其他功能区,其中流入旅游区和海洋保护区的占比相对较小[4]。通过排污口进入海洋的污水对排污口附近海域环境的影响相当严重,海域生态环境质量评价结果表明,大约有一半以上的排污口附近海域生态环境质量处于相对较差的状态。排污口附近海域的生物质量也较低,底栖经济贝类基本已经灭绝。在排污口附近的海水养殖指定区域,绝大多数水域的水质并不能满足其功能的需求,水体富营养化十分严重,养殖环境较差,导致一些养殖区生物体内有害细菌量严重超标。

2. 船舶污染

船舶污染主要是指船舶在航行、停泊、装卸货物的过程中对周围水环境和大气环境产生的污染,主要污染物有含油污水、生活污水、船舶垃圾、粉尘、化学品、废气等。这些污染物进入海洋是由于人为因素而不是自然因素。

目前海洋货物运输是国际贸易中主要的运输方式。国际航运业发展迅速,各地海洋捕捞能力也有不同程度的增强,在这种情况下,海洋每天承载的船舶数量呈现直线增长的趋势,船舶的吃水量和耗油量也随之上升。船舶在航行和工作过程中,不可避免地会对海洋造成污染。

目前船舶污染主要来自两个方面:首先,船舶在正常运行过程中,其停泊和装卸环节都会有大量的污染物排入海洋,这些都是在人为操作过程中造成的污染,称为操作性污染;其次,船舶在航行过程中一旦出现事故会造成严重的海洋环境污染,这种突发状况造成的污染称为突发性污染。船舶操作性污染类型主要包括石油泄漏、有毒液体泄漏、有害物质泄漏、生活污水和船舶生活垃圾污染等。其中石油泄漏污染主要来自两个方面:一是船舶正常行驶过程中操作性排油,主要有机舱舱底排放的原油废渣、油船压载水和洗舱水等。二是由于各类事故而导致的原油泄漏,从燃油舱或油轮货舱无意流出的原油,油船装卸操作期间或加装燃油过程中,连接管道出现破损或误操作导致的原油泄漏,这些问题严重危害海洋生态环境,导致海洋生态环境不断恶化。

3. 海上事故

海上事故包括船舶搁浅、触礁、碰撞以及石油井喷和石油管道泄漏等。例如,2002 年 11月 13 日,装有 7.69 万 t 燃料油的巴哈马籍老龄单壳油轮"威望号"在西班牙的加利西亚海岸断裂搁浅,约 6.32 万 t 重燃料油泄漏,泄漏的燃料油厚 38.1 cm。这导致西班牙附近海域的生态环境遭到严重污染,西班牙近 400 km 的海岸线包括著名的旅游度假胜地加利西亚都面目全非,渔业与水产养殖业几乎瘫痪。这次事故也促使国际海事组织(IMO)决定提前淘汰单壳油轮。

4.海洋倾废

海洋倾废是向海洋倾污废物以减轻陆地环境污染的方法之一,主要包括废弃物的海上倾倒,国际海底勘探开发中的海洋倾倒行为,大气和陆地向海洋排放废弃物,原油、燃油、润滑油等油气资源的废弃行为,近海石油平台的原址废弃和推倒,海上焚烧废物或者其他物质,围填海项目等海洋工程中的吹填等。海洋倾废也是导致海洋污染的直接原因之一,尤其是不合理地倾倒废弃物会严重破坏海洋生态系统平衡和降低海洋生态环境的质量。例如,20 世纪 30 年代在波罗的海倾倒的 7 000 多吨砷,由于水泥包装破损,几乎全部漏入海中,杀死了大量鱼类;美国和西欧等国自 1946 年起向海域投弃的放射性废物,是海洋放射性污染的一个潜在来源[5]。

我国海域石油蕴藏量十分丰富,目前多数开发者集中在近海海域勘探开发。随着海洋石油勘探开发事业的飞速发展,有的钻井船和采油平台,人为地将大量的废弃物和含油污水不断排入海洋,因此海洋石油开发也是目前造成海洋污染的原因之一,在不同程度上对我国近海海域的自然环境造成一定影响。海洋石油开发对海洋造成污染主要表现在:生活废弃物、生产(工作)废弃物和含油污水排入海洋;意外漏油、溢油、井喷等事故的发生等。

5.海岸工程建设

一些海岸工程建设改变了海岸、滩涂和潮下带及其底土的自然性状,破坏了海洋的生态平衡和海岸景观。滩涂开发利用、围海造地等活动吞噬了大片湿地,减慢了海流流速,加速了泥沙淤积,改变了底质成分,影响了滤食性贝类的养殖,导致海区自然环境退化,使海洋生物多样性受到严重损害。国内外大量研究证实,在海湾、河口区域的围填海工程可以减弱海湾潮流作用,并造成海湾沉积环境的改变。人类出于防止海岸侵蚀或发展商业的目的而建设的海岸基础设施破坏了潮间带和浅海潮下带生物的栖息地环境,此行为是海洋生态环境改变的主要驱动力。另有研究表明,若以百分制综合评估全球近海生态系统健康与服务功能,则全球平均得分为 60 分,而我国综合评估得分更低,仅为 53 分。随着全球海洋生态系统各种问题的不断出现,海洋、人、地之间矛盾也日益凸显,并直接威胁海洋沿岸区域经济社会的可持续发展[6]。

1.2.3 海洋污染的影响

海洋污染对海洋生物以及人类会产生许多直接和间接的影响。以下是海洋污染最常见的一些影响。

1.侵害海洋动物

海洋动物是海洋污染的直接受害者。例如,泄漏到海中的石油会渗透到海洋动物的鳃中使其窒息。当海鸟的羽毛沾染石油时,它们可能无法飞行或喂养幼鸟。未被原油杀死的动物也可能患癌症,出现行为改变且无法繁殖。海洋动物会误食塑料碎片,或者因被塑料袋或废弃渔网缠住而死亡。海洋中最容易受到塑料碎片伤害的动物包括海豚、鲨鱼、海龟、海鸟和螃蟹。

2. 使海水缺氧

海洋中的塑料碎片降解缓慢,且降解过程会消耗氧气,导致海洋中的氧气减少。海洋中氧气含量的降低会导致海豚、鲸和鲨鱼等海洋动物死亡。海水中过量的氮和磷也会导致氧气耗尽。当海洋的某一区域发生大量氧气耗尽情况时,它可能成为一个没有海洋生物生存的死区。

3. 威胁人类健康

海洋中的污染物最终会返回人类。人类生产和生活中产生的大量污染物不断地通过各种途径进入海洋,对海洋生物资源、海洋开发、海洋生态环境产生不同程度的危害,最终又将危害人类自身。例如,局部海域水体富营养化,由海域至陆域生物多样性急剧下降;海洋生物摄入的毒素会通过食物链最终进入人体,可能引起癌症和出生缺陷以及长期的健康问题,破坏海滨旅游景区的环境而使其失去应有价值。

1.2.4　海洋污染解决方案

海洋生态环境污染产生的影响是长期的、灾难性的,必须采取有效的解决方案。

1. 完善海洋污染治理技术方案

积极倡导绿色生产模式。海水养殖领域,支持集约化海水健康养殖,发展现代化海洋牧场。通过空间融合、结构融合、功能融合等手段,实现现代化海洋牧场产业升级。港口船舶领域,不仅要做到达标排放,更要从体制机制、科技创新、工艺装备、智能运行等方面加以完善,不断创新,加大生态环境保护投入,提升绿色发展水平,对标国际先进技术,积极发展绿色港口文化,促进港口向规模化、集约化和现代化发展。例如,减少化肥的使用,选择有机肥料,且使用频率减半,防止过量的化肥最终进入海洋。塑料制品是巨大的海洋污染源,减少海洋污染最简单的方法之一是妥善处理塑料和其他可回收材料。

2. 提升法治引领和规范作用

在机构改革调整后,《中华人民共和国海洋环境保护法》及其配套条例已完成第二次修订,以其为基石为我国海洋生态环境保护提供更有力的法治保障。目前,已明确海洋生态红线、近岸海域环境功能区划等海洋生态环境保护基本策略的法律效力;在执法过程中严格要求,对遗留的违法问题,如未确权养殖用海、港口建设围填海等行为,调研其合理性,研究其退出、清理的可行性和可操作性。

截至 2023 年底,我国已建成涉海自然保护地 352 处。这些自然保护地保护了具有较高科研、教学、自然历史价值的海岸、河口、岛屿等海洋生境,保护了中华白海豚等珍稀濒危海洋动物及其栖息地,也保护了红树林、珊瑚礁、滨海湿地等典型海洋生态系统。

3. 创新多元共治体系

多元共治体系是开放、复杂的共治系统,在海洋污染源防治工作中,鉴于其复杂性、监管交叉性等因素,我国以保护海洋生态环境为最终目的,调动生态环境部、发展和改革委员会、自然资源部、住房和城乡建设部、农业农村部、交通运输部等多部门力量,配合社会监管、公众参与,采取对话、竞争、合作和集体行动等共治机制,助推海洋生态环境治理体系现代化。海洋污染源防治管理需要来自许多学科的信息,如社会学、工程学、政治科学、法律、金融和环境科学等。

4.国际履约,提升大国担当

海上污染源尤其是船舶、海上油气开发等的污染是世界性问题,在监管过程中有诸如《国际防止船舶造成污染公约》(MARPOL)、《国际海上人命安全公约》等一系列完备的国际公约作为约束和参考。2019 年 12 月,我国已连续 16 次连任 IMO A 类理事国,国际履约,提升大国担当,是习近平总书记共建人类命运共同体理念的重要体现。我国对于新加入的国际公约(如《国际船舶压载水和沉积物控制与管理公约》),结合我国实际,进一步制定适用于我国海域的压载水及其沉积物管理措施,做好国际公约与我国法律法规的衔接工作。

1.3 船舶柴油机尾气排放情况

我国拥有丰富的沿海及内河航运资源,是世界航运大国。据统计[7-8],全球十大集装箱港口中有 7 个位于我国,年吞吐量占全球近 3 成;沿海港口生产用码头泊位 5 675 个,内河港口生产用码头泊位 26 085 个。2020 年,全国港口累计完成货物吞吐量高达 145 亿 t。根据交通运输部统计数据,截止到 2020 年底,我国拥有运输船舶 12.68 万艘,净载重量 27 060.16 万 t,包括内河运输船舶 11.5 万艘,沿海运输船舶 10 352 艘,远洋运输船舶 1 499 艘。

据《中国移动源环境管理年报 2020》统计[9],2019 年,非道路移动源排放二氧化硫(SO_2)、碳氢化合物(HC)、氮氧化物(NO_x)、颗粒物(PM)分别为 15.9 万 t、43.5 万 t、493.3 万 t、24.0 万 t。其中,船舶排放的 HC、NO_x 和颗粒物分别占非道路移动源排放总量的 19.8%、28.2%和 24.2%,而船舶大气污染物总量仍存在巨大的下降空间。研究表明我国船舶排放的碳氧化物(CO_x)、NO_x 和颗粒物分别为 1.193 7 Tg、2.208 4 Tg、0.347 2 Tg,占全球船舶总排放量的 13.15%、14.25%、26.71%,排放量不容小觑。

船舶柴油机使用的是高黏度、高含硫量、高残碳的劣质燃料油,在工作时会排放多种大气污染物。一般来说排放物可以分为两类:颗粒物和气态物。颗粒物主要包括碳粒和烟尘;气态物主要包括 NO_x、SO_x、CO_x 和 HC 等。NO_x 和 SO_x 在各种有害物质中占有较大的比例,特别是广泛用于远洋运输的低速十字头发动机的 NO_x 排放量更是高达 17 g/(kW·h)[10]。船舶排放的 SO_x 量大、浓度高,氧化后会形成硫酸盐气溶胶,对人体健康具有一定的危害,并可导致陆地和水生环境酸化。船舶排放的 NO_x 产生于燃料油的燃烧过程,主要为热力型 NO_x。燃烧时间的延长和燃烧温度的升高会导致 NO_x 排放量增多。船舶排放的颗粒物主要来源:①燃料油的不充分燃烧;②燃料油燃烧后的剩余灰渣;③燃烧产生的气态污染物二次合成物。其排放浓度与船舶负荷呈负相关性。

1.3.1 SO_2

船舶尾气排放的 SO_2 主要来自燃料油中硫的氧化,其浓度水平和排放量除了与燃料油中含硫量有直接关系外,船舶发动机供气量也会影响其浓度变化。有研究表明,全球每年远洋船舶排放的 SO_2 总量为 $4.7 \sim 6.5$ Tg,占到人为排放的 8%。大气中的 SO_2 浓度过高会引起支气管炎、肺气肿、眼角膜炎症等多种疾病;由于 SO_2 污染而产生的酸雨,会对植物造成损伤,对建筑物造成损害;在光和氧化剂的作用下,SO_2 会发生二次反应生成硫酸盐气溶胶,进而加剧雾霾现象的发生[11]。

1.3.2　NO_x

船舶尾气排放的 NO_x 包括 NO、NO_2、NO_3、N_2O、N_2O_3、N_2O_4、N_2O_5 等,其中 NO 和 NO_2 所占的比例较高,为 90% $\sim$ 95%。NO_x 是 IMO 重点控制的船舶尾气排放污染物之一。有研究表明,全球每年船舶尾气排放 NO_x $5 \sim 6.9$ Tg,占全球 NO_x 排放总量的 15%。对于船舶柴油机而言,尾气中 NO_x 的来源主要有两个方面:一方面与空气中氮、氧元素有关,另一方面与燃料中存在的微量氮化物有关。前者是由空气中的氮、氧元素进行反应而生成的 NO_x,被称为"热氮氧化物",后者则被称为"燃料氮氧化物"。NO_x 的生成速率主要受三个因素的影响:高温、富氧以及氮与氧在高温下的停留时间。NO_x 是形成光化学烟雾和酸雨的重要成分,长期暴露于 NO_x 含量较高的环境中会增加呼吸系统疾病的发生率。NO_x 是臭氧(O_3)等二次大气污染物的重要前体物之一,O_3 对人体健康的危害包括引起呼吸系统疾病、降低肺功能等。此外,O_3 在大气中可以传输数十万米,从而影响内陆地区的空气质量。

1.3.3　CO

船舶尾气排放的 CO 主要是燃料燃烧过程中的中间产物和燃料未完全燃烧产生的。在柴油机的燃烧室内,CO 主要生成于富油区、稀熄火焰和火焰淬熄区。在富油区,由于缺氧,CO 不能充分燃烧成 CO_2 后排出,其排放速率取决于空燃比和混合气形成的不均匀度。在稀熄火焰和火焰淬熄区,由于化学反应不稳定,生成的 CO 不能连续燃烧。此外,活塞内气流运动过强,以致吹熄火焰,使燃烧过程中断,也会增加 CO 的排放量。CO 经呼吸作用进入人体后,极易与血红蛋白结合,形成碳氧血红蛋白,使血红蛋白丧失携氧的能力和作用,造成组织窒息。CO 对全身的组织细胞均有毒性作用,尤其对大脑皮层的影响最为严重。CO 中毒的症状主要包括头痛、无力、眩晕、流泪、呼吸困难等,严重时会发生昏迷甚至死亡。

1.3.4　大气颗粒物

船舶尾气中的颗粒物主要由燃料油中的碳产生,其生成的基本条件是高温和缺氧。燃料油中的有机烃分子在高温和缺氧条件下发生部分氧化和热裂解,生成以碳为主的碳烟晶体。各种气相的烃分子以及其他物质在晶体表面凝聚,晶核相互碰撞并发生聚集,促使碳烟粒子不断增大并生成链状或团絮状的聚集物,最终生成颗粒物。在船舶排放的大气颗粒物组成方面,约有 98% 为可吸入颗粒物(PM10),94% 为细颗粒物(PM2.5),92% 为超细颗粒物(PM1)。在化学组成方面,颗粒物均含有大量的炭黑、硫酸盐、亚硫酸盐、重金属(如镍、钒、锌、铬、铅)等。其中,各类重金属元素在环境介质中难以被降解,具有一定的生物放大和积累效应,对人体健康造成的影响较大。大气颗粒物是船舶尾气中对人体健康和空气质量影响最严重的污染物之一。在重要港口、航道、海峡等船舶流量大的地区,船舶尾气会显著改变局部地区的空气质量,给当地居民的生活和健康造成影响。船舶尾气可导致人体呼吸系统疾病和心血管疾病以及其他严重的健康问题。

1.3.5 HC

船舶尾气中的 HC 的生成机理较为复杂,主要包括燃油未完全燃烧的烃类、裂解反应和再化合反应的产物等。此外,在 HC 排放中还含有一定比例的润滑油,因而船舶柴油机润滑油的品质也会对 HC 的排放种类和浓度产生一定的影响。柴油机内局部或瞬时的温度或压力变化,以及混合气体的浓度变化是导致 HC 生成的主要因素。部分 HC 具有致癌、致畸、致突变等生物毒性,会对人体的肝脏、肾脏等器官,以及内分泌系统、神经系统、生殖系统等造成急性或者慢性损伤。一些 HC 挥发性较低,容易富集在颗粒物中,从而在大气中停留时间较久,并能随着颗粒物进入人体肺泡和支气管末端等结构和组织中。此外,HC 是产生光化学烟雾的重要成分,它与 NO_x 在紫外光线的照射下会发生一系列光化学反应,形成光化学烟雾,从而对人体健康产生危害。

这些废气的排放会对大气造成污染,对人体健康产生影响,甚至危及生命。随着船舶数量的急剧增加,船舶航行距离和航行时间的不断延长,空气中污染性物质的密度也不断升高,远远超出了环境自净能力所能承受的范围。另外,我国的柴油品质较差,油中杂质较多,船舶柴油机燃料油所产生的有害气体量及有害程度也会大幅上升。虽然空气污染并不像油污污染或固体废弃物污染一样直观可见,但其危害性也十分巨大。

1.4 船舶柴油机尾气排放控制现状与展望

船舶柴油机尾气排放控制的主要问题有:①管理体制不完善,监管机制不健全。船舶大气污染防治涉及的部门较多,虽然我国对各相关部门的职能进行了划分,但还是存在职能重叠的现象,导致部分职能主导和牵头部门未划分清楚。②各相关部门联动不够。船舶具有数量多、流动性强、监管难度大等特点,要求相关监管部门不断改进监管方式以解决船舶污染防治、污染监测和油品监管等问题,需制定多部门联动的监管和督查机制。③缺乏完善的监管体系。这主要表现为专业检测队伍不足,监管覆盖范围小;油样检测的结果时效低,检测时间长;燃料油含硫量快速检测设备数量有限,缺少更加快速准确的监测设备对船舶尾气排放进行测量。④船用燃料质量问题突出。我国船用燃料油油品质量参差不齐、原料油来源复杂,表现为低硫燃油供应市场规范性不强,为节约成本,仍有部分低标准的船舶柴油供应现象。此外,相关部门监管任务量大,执法力度不足[12]。

1.4.1 船舶排放控制法规

鉴于船舶排放污染的严峻形势,国内外纷纷制定了日益严格的船舶排放法规加以应对,主要包括 IMO 的国际航行船舶空气污染排放控制要求、美国国家环境保护局(EPA)的船舶排放法规、欧盟相关法令、我国的《船舶发动机排气污染物排放限值及测量方法(中国第一、二阶段)》(GB 15097—2016)等区域性船舶排放法规。目前,排放法规已成为船舶行业准入和污染减排的重要依据。下面主要对 IMO 及我国船舶排放法规进行简要介绍。

1. IMO 船舶排放法规

1995 年 9 月,在伦敦召开的 IMO 第 37 次会议(IMO MEPC 37)上,MARPOL 73/78(即《经 1978 年议定书修订的 1973 年国际防止船舶造成污染公约》)附则Ⅵ"防止船舶造成大气污染规则"被正式提出。

(1)IMO 船舶排放控制区

附则Ⅵ的签署国可以向 IMO 申请设立更为严格的"排放控制区"(ECA)。目前 IMO 已批准生效的船舶排放控制区共有 4 个,主要集中在欧美发达国家。

(2)NO_x 排放控制

NO_x 排放控制标准分为 Tier Ⅰ、Tier Ⅱ、Tier Ⅲ 3 个阶段,分别于 2000 年、2011 年、2016 年实施。目前,排放控制区执行 Tier Ⅲ 限值,Tier Ⅲ 仅适用于 2016 年 1 月 1 日后的新造船,以完成龙骨铺设为节点进行划分。全球其他区域执行 Tier Ⅱ 限值。

(3)SO_x 排放控制

IMO 主要通过燃油含硫量限值来控制 SO_x 排放,但也允许在燃用高硫燃油的情况下使用尾气净化装置来满足 SO_x 排放要求。SO_x 排放控制标准分为 3 个阶段实施,在排放控制区内外实施不同的 SO_x 排放限值。目前,排放控制区内的燃油含硫量限值为 0.1%(质量分数,下同),全球其他区域自 2020 年 1 月 1 日起燃油含硫量限值为 0.5%。

2. 我国船舶排放法规

(1)我国船舶排放控制区

我国于 2016 年 1 月 1 日开始实施的《珠三角、长三角、环渤海(京津冀)水域船舶排放控制区实施方案》规定,我国的排放控制区范围是珠三角、长三角及环渤海(京津冀)水域的内河水域、沿海水域(12 n mile)及港口。现阶段,我国排放控制区主要控制 SO_x 排放,要求燃油含硫量≤0.5%,允许采取连接岸电、使用清洁能源、尾气后处理等与上述排放控制要求等效的替代措施。

(2)我国首部船舶排放国家标准

我国船舶发动机排放控制的国家标准《船舶发动机排气污染物排放限值及测量方法(中国第一、二阶段)》(GB 15097—2016)于 2016 年 8 月 22 日发布,2018 年 7 月 1 日起开始实施。

总体而言,虽然我国近年来加紧开展了船舶排放污染控制工作,目前已实施《珠三角、长三角、环渤海(京津冀)水域船舶排放控制区实施方案》,并且已发布首部关于船舶发动机排放控制的国家标准,但是我国船舶排放污染治理工作仍处于起步阶段,总体控制水平相对较低,主要表现在:船舶排放法规实施时间较晚,相对严格的控制法规刚刚实施或在未来几年才会实施;船舶排放污染物控制种类少,目前已实施的法规仅控制 NO_x 和 SO_x 排放;排放限值标准低,船机限值明显低于其他移动源排放限值,如车用柴油机;技术能力相对薄弱,我国船舶排放控制技术研究起始于近十几年,技术开发及工程应用经验积累较少。因此,我国船舶排放污染治理工作仍然任重道远。

1.4.2 船舶排放控制技术

船舶排放控制技术根据其与发动机的关系,主要分为机前控制、机内控制和机后控制。机前控制主要包括燃料净化、清洁燃料替代等,机内控制主要包括燃烧优化、废气再循环(EGR)等,机后控制主要包括选择性催化还原(SCR)、废气洗涤(EGC)、颗粒捕集等。下面简要介绍目前我国船舶排放控制技术的发展现状及趋势。

1. NO_x 排放控制技术

NO_x 产生自发动机的燃烧过程。NO 在气缸中最先生成,继而生成 NO_2 和 N_2O。发动机燃烧时的气缸温度、氧气浓度和反应停留时间是影响 NO_x 生成的重要因素。一般来说气缸的峰值温度每上升 100 ℃,NO_x 的生成量增加 3 倍左右。因此,降低 NO_x 排放的最根本方法是降低气缸燃烧时的峰值温度。减少 NO_x 排放的措施通常包括机前控制、机内控制和机后控制 3 方面[10]。

(1)机前控制

NO_x 排放机前控制的有效方法之一是使用清洁替代燃料,目前常见的柴油替代燃料有液化天然气(LNG)和甲醇。LNG 是目前应用最为广泛的替代清洁燃料,具有很低的含硫量。通过相关发动机技术改造,使用 LNG 替代传统柴油可实现 NO_x 排放量降低到之前排放量的 60%,但是 LNG 的运输是阻碍其应用的最大难题,且目前我国 LNG 等清洁燃料供给覆盖面较小,导致清洁燃料大范围推广使用受到限制。甲醇也可作为替代燃料,甲醇中不含硫元素,因此可以在根源上实现硫的零排放,采用废气再循环系统还可减少 50% 的 NO_x 生成。然而甲醇的价格昂贵,储存和运输不便,尚无有效的泄漏检测装置,并且甲醇的启燃特性不好、具有腐蚀性等缺点成为目前实现甲醇应用的瓶颈。

从燃料方面考虑在源头上减少 NO_x 的生成自然是控制 NO_x 排放的最佳方法,然而由于远洋船舶的耗油量巨大,燃料成本是国际船运商必须重视的,所以降低传统重质柴油的替代燃料的价格是其能否真正应用于海洋运输业的关键。

(2)机内控制

机内控制手段中 EGR 技术是目前应用较成熟的,其工作过程是将燃烧后排出的部分排气引回进气管并与新鲜空气混合,二次进入气缸,使其再度参与燃烧,参加气缸内的热循环,从而达到降低 NO_x 排放量的目的。EGR 技术是控制 NO_x 排放的有效措施,它能够减少 NO_x 的生成,一方面发动机排出的废气中含氧量较少,废气经再循环回到气缸中,可降低气缸内空气的含氧量,降低 NO 的生成速率,排放物中 NO_x 浓度也会相应下降;另一方面在高温下水蒸气和 CO_2 的比热容较空气大得多,这样会使气缸内的燃烧温度降低,峰值温度降低,使排放物中 NO_x 的浓度降低。

其他的方法如改变发动机结构、燃烧过程以及通过注水降低峰值温度等,虽然可在一定程度上缓解 NO_x 排放,但是仍需要研究以减轻对实际发动机燃烧系统和润滑油系统产生的负面影响。

(3)机后控制

排气污染物机后控制,即后处理技术,是应对日益严苛的排放法规的重要途径。NO_x 的处理方法分为干法和湿法两大类,其中干法主要有还原法、吸附法、等离子体法,湿法主要有水吸收法、碱液吸收法、氧化吸收法和络合吸收法等。

①还原法

还原法又分为SCR和选择性非催化还原法(SNCR),适用于治理各种污染源排放出的 NO_x。SCR是指在有催化剂的条件下,利用还原剂将 NO_x 还原成无毒无害的氮气和水。SCR技术是目前应用最广泛的船舶 NO_x 排放后处理技术。目前我国船舶中、高速柴油机SCR技术相对成熟。对于船用低速柴油机,涡轮增压器后排气出口处温度较低(200～240 ℃),SCR反应温度条件较差,导致船舶低压SCR技术(SCR装置布置在涡轮增压器后)开发难度相对较大;若采用高压SCR技术(SCR装置布置在涡轮增压器前),由于涡轮增压器前属于机内部分,在此增设SCR装置必将受到国外主机制造商的限制。目前船舶低速柴油机SCR的研发重点是突破低温催化剂等关键技术,开发低速柴油机低压SCR系统。

SNCR在不使用催化剂的情况下,喷入还原剂(如尿素或氨基化合物),并在高温区域内进行反应,还原剂迅速分解成 NH_3,与烟气中的 NO_x 反应生成 N_2 和 H_2O。这种方法必须在高温区加入还原剂,且还原剂只和烟气中的 NO_x 反应,一般不与 O_2 反应,因此这种方法又被称为选择性非催化还原法。SCR则是以元素铂或铜、钴、钒等的金属氧化物为催化剂,以 NH_3 或 H_2S 为还原剂,选择性地排放废气中的 NO_x。当温度为280～420 ℃且 $V_{NH_3}:V_{NO}$ 为1:1时,SCR能够发挥较好的作用,脱硝率达到80%～90%。相对于SNCR消耗的还原剂,SCR仅为前者的1/5～1/4,且反应温度远低于前者,未来发展中在利用到催化还原法时,可优先选择SCR。

②吸附法

吸附法是利用多孔性的固体材料将 NO_x 吸附于表面,从而达到分离目的的技术。吸附法又包括分子筛吸附法、硅胶吸附法、活性炭吸附法。吸附法是在有氧条件下,通过控制操控过程中的压力及温度使吸附剂将 NO_x 从气源中分离出来。分子筛、沸石、硅胶、杂多酸、含 NH_3 的泥煤和活性炭等是良好的 NO_x 吸附剂。吸附法可用于低浓度 NO_x 废气的处理。用分子筛作为吸附剂净化 NO_x,脱除效率极高;活性炭对低浓度 NO_x 有很高的吸附能力,其吸附量比分子筛和硅胶还要多。在常温状态且烟气中含有大量NO时可以使用硅胶吸附法,此时硅胶吸附 NO_x 的效果良好。活性炭吸收 NO_x 后可以回收利用,同时利用特定的活性炭可以使 NO_x 还原为氮气。一般情况下使用分子筛吸附法为最佳,因其限制条件少且吸附效率高。

③等离子体法

等离子体法主要通过高能辐射产生活性基团和自由电子,以此改变污染物原先的结构,从而实现脱硫脱硝一体化的目的。升高温度有利于 NO_x 与 SO_x 的脱除,同时 NO_x 的脱除效率还存在一个最佳温度区间:在有还原剂且温度为200 ℃左右的条件下,脱除 NO_x 的效率最高,可达到85%～90%。虽然在有还原剂的条件下等离子体法脱除 NO_x 的效率较高,但该方法对反应温度的要求也较严格,而且这项技术所消耗的能量较高且设备成本高昂,所以要想广泛应用于工程中还需时日。

④吸收法

吸收法是用水、稀硝酸、浓硫酸、碱溶液等作为溶剂吸收 NO_x 的处理技术。水吸收法是将水作为吸收剂来吸收废气中的 NO_x。碱溶液吸收法主要是以碱溶液为吸收剂,如 NaOH、Na_2SO_3、$Ca(OH)_2$ 等,通过化学反应吸收废气中的 NO_x。酸液吸收法利用的是 NO 极难溶于水,却在酸中溶解度很大的特性,一般用浓硫酸吸收废气中的 NO 和 NO_2。针对不同 NO_x 的性质,可以采用不同的吸收法进行针对性的脱除,亦可采用多种吸收法同时对废气中的 NO_x 进行脱除,还可将吸收法与其他物质或者处理技术相结合,以达到更高的 NO_x 脱除率。有研究人员将碱液吸收法和活性炭吸附法两种技术相结合去除 NO_x,结果显示此种方法可以使 NO_x 的脱除率达到99%。

2. SO_x 排放控制技术

废气中的 SO_x 来源于燃油中的含硫组分。目前船舶使用的燃油中含硫量在4.5%左右,燃料中的硫几乎全部氧化转变成废气中的 SO_x,所以整个燃烧过程中 SO_x 的生成与机内关系不大,是不易得到控制的。因此,SO_x 排放的控制方法主要是机前控制与机后控制。

(1)机前控制

SO_x 排放机前控制的主要手段是使用低硫燃油,这也是现有船舶降低 SO_x 排放量的最有效方法。但是低硫燃油的价格远高于高硫燃油,会提高船舶燃料成本;低硫燃油与高硫燃油切换系统涉及主机、辅机和锅炉等装置,需要对供油系统、燃烧装置、监控系统等进行改造,也大大增加了船舶运营成本,这是船运商所不愿意接受的;减少含硫量会导致油泵和喷油嘴处、缸套的磨损增加;同时不同地区对船舶进港所用燃油含硫量要求不同,切换使用含硫量不同的燃油会由于相容性不佳而导致燃烧性能不稳定,给船东的后续使用带来极大的困扰。

(2)机后控制

EGC 是目前船用领域最为成熟、有效的 SO_x 排放机后控制(后处理)技术。EGC 脱硫以海水或碱液[如 NaOH 溶液、$Mg(OH)_2$ 浆液]为吸收剂脱除废气中的 SO_x。目前业内常见的海水喷淋湿式脱硫技术具有脱硫效率高,经济性好,无须对柴油机、供油系统进行改造等优势,因而被大量船东选用。

3. CO_x、HC 排放控制技术

船舶排放的碳化物主要是 CO、CO_2 和 HC。CO_2 对人体并无太大的危害,但它会造成温室效应,导致冰川融化,从而使海平面上升,危及人类居住地。CO 会与人体血红蛋白结合,造成人体组织缺氧,从而危及生命。而 HC 较为复杂,属于混合物,来源于汽油的不充分燃烧,包括燃料油未完全燃烧的烃类、裂解反应和再化合反应的产物。

(1)光催化法

光催化法可以与其他方法联合使用以处理尾气,如与等离子体法联合。因此,光催化法的被称为绿色友好的新型脱除尾气技术。光催化法的主要原理是在光照的条件下,废气在催化剂中发生氧化还原反应生成无害气体。光催化法分为两种类型,即光催化氧化法和光催化还原法。

光催化氧化法是 TiO_2 在强光照的条件下产生还原性的光生电子和强氧化性的光生空

穴,光生电子和光生空穴在催化剂表面发生反应,分别生成具有强氧化性的 H_2O_2 和 OH^-,然后 H_2O_2 和 OH^- 再与 SO_2、NO_x 和 CO_x 发生反应。

光催化还原法中 NO_2 在 TiO_2 作为催化剂的条件下发生还原反应。该方法理化性质良好,在光照条件下进行时只要有紫外线即可发生反应,而且反应过程温和,发生爆炸、爆燃的可能性较小,适用范围较广,能处理多种尾气和有害物质,如船舶尾气燃烧时未完全分解的烃类、其他的 HC 或其他物质的衍生物。

光催化法还具有降解速度快的特点,一般反应时间在几十分钟到十几小时不等,而且生成物都是无害无污染的。该技术的设备占用空间小,安装成本较低,维修费用和运行时间也非常理想。

（2）电晕等离子体法

电晕等离子体法不受船舶空间狭小这一缺点影响,由于该方法不需要加催化剂和添加剂等中间操作,其有望成为船舶尾气后处理技术的新方向。该方法将气体电离成电子、离子、激发态分子、自由基等高能粒子,此时这些高能粒子具有一定的动能。当船舶发动机尾气通过高能粒子区时,这些尾气中的分子与高能粒子发生碰撞,会发生物理反应和化学反应。

该方法比较环保,无论是在发生反应的时候还是从排出的废气来看都不会造成污染,且处理效果好、反应速度快、脱除效率高。在电击过程中,许多粒子具备很大的动能,分子之间撞击的概率增大,因此反应速率以及效率都有所提高,且自动化程度较高、成本较低。之所以成本较低,是因为较高的自动化程度节省了许多人力资源,而且整个设备在工作期间的启动和停止十分迅速,因此工作弹性比较高。由于电击的过程可以看作是一个剧烈的反应,因此电晕等离子体法不可以处理易燃易爆的气体,或者是夹带易燃易爆气体的碳氧化物气体。

（3）氨法

氨水作为一种吸收剂,在对于 CO_2 这种酸性气体的吸收方面具有比较好的应用前景,而且其具有吸收效率高、耗能低以及廉价等优势而被广泛应用在陆上工业和船舶尾气处理中。氨法的反应机制是烟气与吸收液之间的纯化学反应,脱除效率较高,可以达到 90% 左右。氨水的浓度越高,脱除效率越高,可达约 96%,且可以将 NO_x 和 SO_x 一起脱除。生成物进一步反应可生成硝酸铵,可应用于农业。该方法生成污染物极少,且生成物是可溶的,但反应物不稳定。众所周知,氨气是弱碱性气体,易溶于水且受热易挥发,其饱和蒸气压较高,挥发速度快,因此在反应时就挥发了。关于氨的吸收方面,其吸收装置的动力学研究相对较少,也缺少数学模型,很多方面的研究都是空白的。

4. 尾气颗粒物排放控制技术

尾气颗粒物主要有炭黑、PM2.5,如今随着航运技术的提高及船舶运量的提升,航运成本大幅降低,船运经济飞速发展。但同时由于船舶柴油机使用黏度高、含硫量高、碳残留量高的劣质燃料油,船舶尾气排放污染日益严重,如不尽快采取措施,会影响沿海居民的身体健康和对生态环境造成破坏。

（1）DPF法

DPF法是指用颗粒捕集器（DPF）把尾气中的颗粒物截留下来，再辅以再生系统除去颗粒物的技术。DPF是涂有催化剂涂层的一种装置，它通过内部结构可将通入其中的尾气颗粒物截留在装置内部，从而达到降低颗粒物排放的目的。单独的DPF只能把颗粒物截留在装置内部，并不能完成尾气颗粒物的截留、去除流程，因此需辅以再生系统将DPF内部的颗粒物催化氧化，才能完成对尾气颗粒物的去除。船舶中使用DPF技术的限制主要是再生系统的选择、对颗粒物的去除效率和装置的磨损率方面的问题，加之DPF再生系统设备的占地空间和质量会大大提高船运成本。未来发展中可以考虑改变DPF结构或者开发新型材料来改善DPF的捕捉效率，也可以通过改进技术或者开发新型催化剂来提高再生系统性能。

（2）催化氧化颗粒床装置法

催化氧化颗粒床装置法是用一种新型的催化装置经一系列反应过程把NO_x、颗粒物等污染物氧化还原的技术。富含贵金属的颗粒床可对尾气中的颗粒物（包括CO、CH）进行拦截和催化氧化并放出热量，能提高尾气的温度并使去除了颗粒物的含NO_x的高温尾气进入SCR催化剂表面，能有效将NO_x还原为无害的N_2和H_2O并排入大气。该技术使用由平均粒径为8~10 mm的活性氧化铝颗粒组成的催化装置，经过一定的操作可以提高贵金属的催化效率，从而提高催化效果。催化氧化颗粒床装置法与传统的SCR技术相比成本降低，设备占用空间比传统的一体化处理技术也极大减小。但该技术目前仍主要在实验室内使用，还未上船进行实地试验。

（3）DPF往复流动再生技术

DPF往复流动再生技术是在传统的DPF主动再生系统的基础上结合往复流动燃烧技术，以此来促进DPF再生的一种方案[13]。

该技术在传统的DPF前后各增加一个装有贵金属催化剂的蜂窝陶瓷体，可释放大部分CO、HC，提高颗粒物表面可溶性有机物的氧化反应热以提高尾气温度，有助于颗粒物的氧化反应。该技术在传统的DPF主动再生技术的基础上再添加两个氧化催化（DOC）装置并辅以高度复杂的发射激发荧光（RFP）技术，可持续有效地去除尾气中的颗粒物并有效地降低滤体的损坏率。该技术较为复杂，试验数据较为翔实，但还未进行实地测试、改良，还未有大规模的应用。

5. 船舶尾气一体化处理技术

国内外很多组织和机构都对船舶尾气一体化处理进行了综合研究，对单一处理技术、集成处理技术、新型统一脱除尾气污染物技术的应用将是未来船舶尾气处理的发展趋势[14-16]。

（1）等离子体净化法

等离子体系统通过通气喷嘴电极直流电晕放电，将NO和SO_2氧化成NO_2和SO_3，将HC氧化成H_2O和CO_2。在吹向液膜极板的离子风的作用下，这些物质溶解后又被碱性海水液膜吸收。污染物中的颗粒物也在等离子体的作用下溶解于海水中。然后这些溶解物和反应物都一起被排入大海，从而实现船舶尾气脱硫脱硝除尘一体化处理。通过等离子体和海水吸收相结合,同时去除3种船舶尾气污染物,未来有望开发无须催化剂、添加剂、废水处理,适合船舶尾气处理的新装置。等离子体净化法是公认的最具发展前景的烟气净化技术,目前世界各国都重点研究开发这项技术。由于船舶具有海上航行、从陆地上补氮、储存运输氢的不方便性与不安全性,以及对等离子体反应产生的副产品回收系统的复杂性,因此这种技术仍然不能完全应用于船舶行业。

（2）活性炭联合脱硫脱硝法

活性炭具有很强的吸附能力,它不仅是良好的吸附剂,也是催化剂和催化剂的载体。在吸附过程中活性炭通过催化作用将 SO_x 和 NO_x 都氧化并沉积在其内部孔隙中,从而实现脱硫脱硝的效果。该方法是:在 120~160 ℃时,让烟气从下方进入吸收塔,让活性炭在重力的作用下从吸收塔上部下降至底部,废气在流经底部时,其中的 SO_2 被吸附并被脱除;在废气流经上部时吸收塔将喷入氨气,此时 NO 将被活性炭吸附,在 120~160 ℃时与 NH_3 反应生成 N_2。SO_2 在活性炭表面又会被 O_2 氧化成 SO_3,然后与水蒸气反应生成 H_2SO_4。脱硫脱硝活性炭相对于普通活性炭来说具有活性高、孔隙率高、耐挤压、化学性质稳定、可再生等优势,能够更好地进行脱硫脱硝。同时在工艺流程中析出的高浓度 SO_2 还可用于制造 H_2SO_4 和 S,加热再生后的活性炭在经过冷却后又可运输至吸收塔中循环使用。活性炭吸附的容量有限,在吸收废气时需要大量的活性炭;脱除流程较为缓慢,且活性炭在流程中损耗较大,需不断补充;活性炭再生所需的温度较高,船舶中无法持续满足如此大的能耗;析出的 SO_2 在船舶上储存不方便。这些因素都限制了该方法在船舶行业中的发展。

（3）氧化-吸收法

氧化-吸收法主要针对的是难以被吸收剂直接吸收的尾气成分,如 NO 便是需要先氧化为易被处理的 NO_2,再被吸收剂吸收。此处的吸收剂以碱性溶液和亚硫酸盐溶液为主,其次氧化剂主要有 ClO_2、O_3 等。相关研究中已有利用 ClO_2 溶液与天然海水混合对船舶尾气进行喷淋的报道,其脱硝率和脱硫率分别能达到 80% 和 90% 以上,实现了脱硫脱硝一体化处理。与 ClO_2 相比,O_3 具有极强的氧化性,有研究将 O_3 氧化和 NaOH、MgO 吸收组合,证实了 O_3 氧化-吸收法脱硫脱硝是可行的。但是 O_3、ClO_2 的制备所需的能耗较高,船舶无法提供如此多的电能来供脱硫脱硝使用,这也限制了氧化-吸收法在船舶行业中的应用。

（4）光催化法

光催化法是目前船舶尾气处理的研究热点。光催化法主要是使 SO_x 和 NO_x 在紫外光照射下在催化剂表面发生化学反应。催化剂容易失活,需经常更换,这使得光催化法目前还不能完全应用于船舶;另外光催化法主要是利用紫外光,利用效率不高且能耗较大,这也限制了光催化法的进一步发展,如果能在可见光的条件下处理船舶尾气,那么这项技术将在尾气净化技术中具有很大的优势。

（5）改性海水法

改性海水法是对普通海水进行洗涤的改进方法。改性海水是指使用电解技术改变海水的 pH 值并以此提高海水对 SO_2、NO 的吸附能力。原改性海水技术只能进行脱硫处理,同时吸附 NO,并不能实现脱硫脱硝一体化处理。但有研究利用新型的钛电极作为阳极材料促进反应,从而增加了海水 pH 值,成功实现了船舶尾气脱硫脱硝一体化,所以该技术也成为船舶尾气一体化处理技术的研究方向。改性海水技术具有操作简便、成本低、安全性高的特点,如果能继续提高反应的效率,那么该技术将有望在船舶尾气一体化处理技术中得到广泛的推广和应用。

参 考 文 献

[1] 刘志良.双碳目标下内燃机何去何从?[N].中国船舶报,2021-04-30(7).

[2] 庄国泰.守护蓝色星球 共建绿色家园:写在二〇二一年世界气象日之际[N].人民日报,2021-03-23(10).

[3] 中华人民共和国生态环境部.海洋污染有哪些特点?:海洋环保知识问答[EB/OL].(2006-09-13)[2022-10-31].https://www.mee.gov.cn/ywgz/hysthjbh/hystbhhhjzl-gl/201604/t20160424_335926.shtml.

[4] 廖军威.海洋环境污染现状与防范措施[J].科技展望,2016,26(28):303.

[5] 曹英志,范晓婷.再论海洋倾废概念[J].中国海洋法学评论,2008(1):65-83.

[6] 张金城,汪峻锋.我国海洋生态环境安全保护存在问题与对策研究[M]// 刘代志.国家安全地球物理丛书(十一):地球物理应用前沿.西安:西安地图出版社,2015:263-268.

[7] 肖飞,杨阳.船舶排放控制法规解读及应对[J].机电信息,2021(23):68-69.

[8] 付洪领.我国船舶污染气体排放现状分析与防治措施[J].中国水运,2014(6):40-41.

[9] 吴国凡.我国船舶污染的现状及对策[J].船海工程,2016,45(2):51-54.

[10] 张杰,杨传富,于军.世界船舶排放法规的进展及其主要配套技术探讨[J].柴油机,2007,29(5):1-6.

[11] 卢志刚,洪文俊,郑静珍.我国船舶尾气污染物排放现状与对策[J].绿色科技,2018(2):53-54.

[12] 冯津娜.我国船舶大气污染排放与防治对策研究[J].皮革制作与环保科技,2021,2(14):130-131.

[13] 陈广泉.船用柴油机颗粒捕集器往复流动再生技术研究[D].大连:大连海事大学,2020.

[14] 石瑞,张国孟,邓军,等.船舶发动机尾气脱硫脱硝一体化技术分析[J].中国航海,2019,42(3):115-120.

[15] 张欢,钟鹭斌,陈进生,等.船舶尾气脱硫脱硝技术研究进展[J].化工进展,2016,35(11):3650-3657.

[16] 李海娇,李亚倩,黄意淇,等.船舶废气脱硫脱硝研究进展[J].四川化工,2018,21(1):17-20.

第2章 船舶柴油机尾气颗粒物处理技术

2.1 船舶柴油机尾气颗粒物的组成与物理特性

2.1.1 尾气颗粒物的定义

柴油机尾气是一种成分极其复杂的混合物,其组分包括气体、固体以及凝结体(或者液体)[1-3],其中气体组分中超过99%的成分都是无害的 N_2、水蒸气和 O_2,而有害的成分主要是 CO_2、CO、NO_x 以及有机成分 HC[4-9];固体组分以颗粒物的形式排出,其中包括碳颗粒[10-11]、硫酸盐、金属[12]以及金属氧化物[10];凝结体是在尾气温度降低的情况下,由未充分燃烧的有机组分冷却凝结而成的,然后附着在固体组分表面,随着固体组分一起排出[9-10]。固体及附着在其表面的凝结体组成的颗粒就是我们所说的颗粒物[13]。而在柴油机尾气中,这些颗粒物所占的比例与发动机的类型、工作模式、使用的燃油以及润滑油的种类有关。

颗粒物又称尘,是气溶胶体系中均匀分散的各种固体或液体微粒。颗粒物可分为一次颗粒物和二次颗粒物。一次颗粒物是由直接污染源释放到大气中造成污染的颗粒物,例如土壤粒子、海盐粒子、燃烧烟尘等;二次颗粒物是由大气中某些污染气体组分(如 SO_2、NO_x、HC 等)之间,或这些组分与大气中的正常组分(如 O_2)之间通过光化学氧化反应、催化氧化反应或其他化学反应转化生成的颗粒物,如 SO_2 转化生成硫酸盐。

2.1.2 尾气颗粒物的组成

碳颗粒与吸附在其表面的 HC 称为可溶性有机物(SOF)。可溶性有机物及可溶于水的硫酸盐是颗粒物的主要成分,如图2.1所示。

可溶性有机物包括还没有燃烧的燃油和润滑油,它们在柴油机中的含量基本相等。因为柴油中都含有硫,所以柴油燃烧过程中首先会产生 SO_x,在后续的燃烧氧化过程中,SO_x 最终变成硫酸盐。碳颗粒、HC 和硫酸盐在柴油机尾气中所占的比例随柴油机的型号、所用的机油和其工作负荷的不同而不同。通常,柴油机工作负荷大时碳颗粒所占比例较大,小负荷运行时尾气中颗粒物较少。图2.2列出了柴油机尾气颗粒物中的部分成分比例。

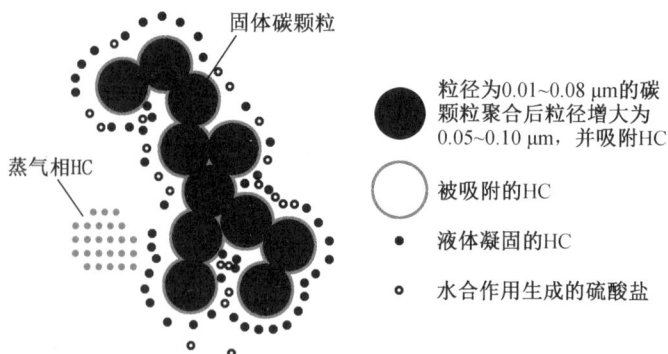

图 2.1　尾气颗粒物的基本组成

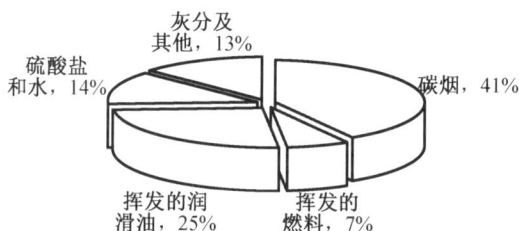

图 2.2　柴油机尾气颗粒物中的部分成分比例

2.1.3　尾气颗粒物的形成

虽然柴油机的燃烧是一个富氧燃烧过程,但是并不能保证燃油与空气混合均匀,因此燃烧时很多区域会由于缺氧而导致燃油不能完全燃烧,便会产生碳烟。碳烟生成的速度与温度和燃油的浓度有关,燃烧区域的温度和燃油的浓度越高,碳烟生成就越快。颗粒物中的硫酸盐由燃油中的硫与金属、金属氧化物发生一系列复杂的化学反应而生成,其中的金属与金属氧化物是由燃油中的金属元素未发生化学反应或未被氧化而生成的[14]。

当颗粒物的粒径较大时,人体能够对其进行有效的阻隔;但是当其粒径小于 2.5 μm 时,人体就会将其吸收。我们称粒径小于 2.5 μm 的颗粒物为细颗粒物(PM2.5)。细颗粒物在大气中传输距离远,停留时间长,其中含有大量有毒的重金属颗粒和芳香烃化合物,当这些细颗粒物随着空气进入人体后,会对人体呼吸系统产生严重危害,引发呼吸系统疾病[15],并且许多细颗粒物还是强致癌物质的载体,容易引发癌症[16]。

虽然尾气颗粒物来自燃油中的 HC 在柴油机内高温和缺氧条件下的裂解,但是关于 HC 中的分子成为尾气中的黑色颗粒物的具体变化过程,目前还没有确切的定论。一般认为,当燃料进入柴油机的高温燃烧环境后,相对分子质量较小的 HC 会马上挥发掉,相对分子质量大的 HC 则暂时以液态形式存在,然后在高温和缺氧条件下直接脱氢碳化,成为焦炭状的碳颗粒,粒度一般较大。一开始挥发掉的相对分子质量较小的 HC 通过其他不同的途径,会产生气态的碳颗粒,且颗粒直径比较小(图 2.3)。

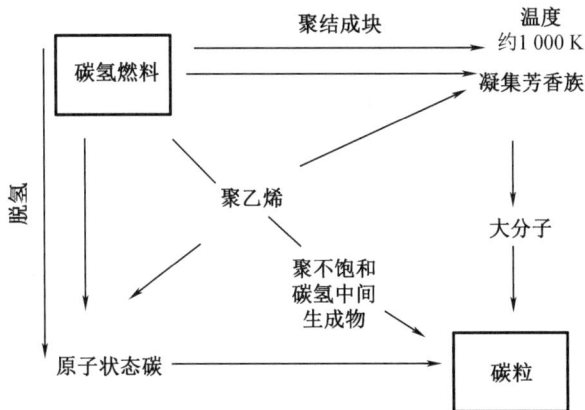

图 2.3　尾气颗粒物的形成过程

2.1.4　尾气颗粒物的粒度分布

通过透射电子显微镜(TEM)分析获得了柴油机尾气中颗粒物的粒度分布,如图 2.4 所示。横坐标表示粒径 $D(\mu m)$,纵坐标表示粒子浓度——单位体积尾气中的粒子数(cm^{-3})。柴油机尾气中颗粒物粒径在 1 μm 以下,其工作负荷大时产生的颗粒物粒径大。这是因为工作负荷大,烟尘生成量大,排放温度高,这种条件不仅有利于颗粒间的碰撞,而且有利于颗粒的生长。

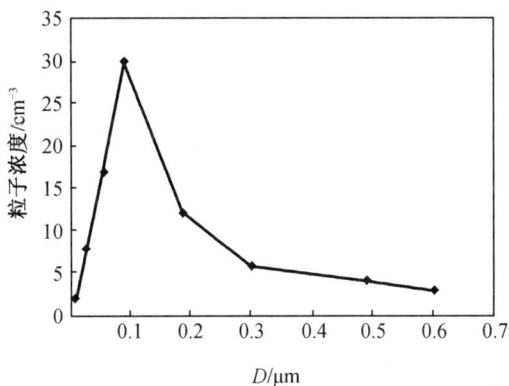

图 2.4　尾气颗粒物的粒径与粒子浓度的关系

根据气溶胶的自我维持光谱特性(即颗粒长时间聚集,不管颗粒的初始分布如何,颗粒尺寸分布趋于一致),如果用归一化坐标表示,粒径分布曲线相同。

对粒度进行实测后[17],用概率论和数理统计的方法得到筛上积累份额的指数分布函数:$F_m = 100e^{-bd_p^n}$,其中 b、n 是实验常数。这样,就可以得到粒度分布函数:

$$f_m(d_p) = \frac{\mathrm{d}F_m(d_p)}{\mathrm{d}(d_p)} = -100bnd_p^{n-1}e^{-bd_p^n} \tag{2.1}$$

根据式(2.1)可以进行尾气颗粒物分布的模拟,模拟结果与尾气颗粒物的分布特点吻合,并且便于实际计算使用。确定相应的参数后,按照式(2.1)生成颗粒物分布模拟图,如

图 2.5 所示。比较图 2.4 和图 2.5 可以看出,两者的形状和数值大体相同。

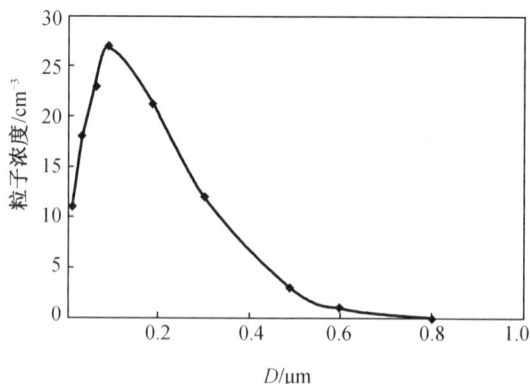

图 2.5 尾气颗粒物分布模拟图

2.1.5 尾气颗粒物的质量浓度和烟度

根据平均有效压力与颗粒物、碳烟和可溶性有机物的质量浓度的关系可知:在大负荷下,直喷式柴油机尾气颗粒物的主要成分是干碳烟。轻载时,气缸内的温度低、燃烧结构差,燃烧室中的燃料和机油未完全燃烧,并且以未燃烧的 HC 的形式排出,此时排气温度低,易形成液体颗粒。在中等负荷下,由于燃烧完全,烟尘较少,所以颗粒物的质量浓度较小。

由干碳烟与平均有效压力的关系[18]可以看出:干碳烟和平均有效压力之间的变化关系与排气烟度和平均有效压力之间的变化关系很相似。就像前面介绍的那样,柴油机工作负荷大时所排出的尾气中的颗粒物的主要成分是干碳烟,所以颗粒物的质量浓度和烟度之间存在换算关系,可从经验公式(2.2)看出:

$$M = 581.4 \times \left[\ln\left(\frac{10}{10-R_b}\right) \right]^{1.413} \tag{2.2}$$

式中 M——颗粒物质量浓度;

R_b——烟度。

从物理角度看,烟度指示的是尾气灰烬在滤纸上的积聚程度,它不能体现颗粒物中冷凝烃的含量。由此可知,颗粒物的质量浓度变化不能根据柴油机小负荷工作时的烟度来判断。这也表明,烟度不能充分反映柴油机尾气的排放浓度。但是在负荷较大的情况下,烟度仍然具有较高的参考价值,因此式(2.2)对于柴油机尾气颗粒物的净化排放研究具有较大的指导作用。

2.1.6 尾气颗粒物的形态

船舶柴油机内的燃油氧化燃烧时,一开始会产生一些粒径为 0.01 ~ 0.05 μm 的细小颗粒,它们为球形。在接下来的燃烧过程中,这些细小颗粒大部分被充分氧化燃烧掉,而未完全燃烧的颗粒物随时间推移积聚成肉眼可见的粒子。这些粒子一般呈链状或絮状结构,形状非常不规则。这些粒子积聚在一起逐渐形成一个集合体,最后成为柴油机的尾气颗粒物。高速柴油机排出的烟尘是平均粒径为 20~30 nm 球形碳颗粒的集合。每个球形碳颗粒的微观结构实际上是微晶碳和沿颗粒圆周排列的微晶结构的不规则组合。

尾气颗粒物形貌构想如图 2.6 所示[19]。

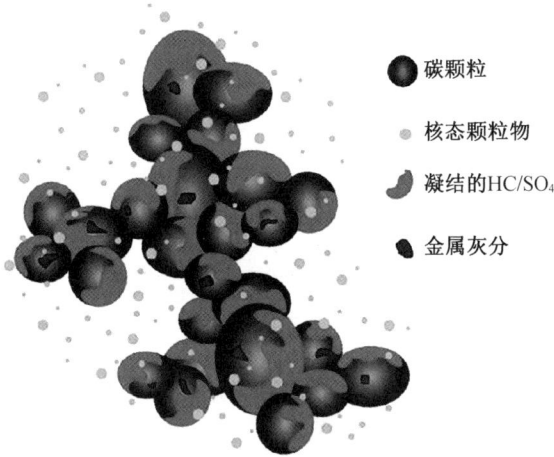

图 2.6　尾气颗粒物形貌构想图

由图 2.6 可以看出,从成分上说,柴油机尾气颗粒物主要由干碳烟、可溶性有机物、无机物和金属灰分等组成。从结构上看,柴油机尾气颗粒物主要由两种粒子组成,一种是由数十个或上百个基本粒子聚集成的簇状大颗粒物,这些颗粒物主要由碳烟和金属灰分以及附着在其上的有机物组成;另一种是由硫酸盐等无机物组成的核态颗粒物。通常柴油机尾气颗粒物中干碳烟质量分数约为 65%,可溶性有机物质量分数约为 30%,无机物和金属灰分质量分数约为 5%,各组分含量随发动机类型、运转工况和所用燃料的不同而变化[20-22]。

干碳烟是柴油机尾气颗粒物的主要组分,其形成条件是高温和缺氧。当缸内燃烧温度较高时,非均相燃烧导致局部缺氧,燃油裂解形成初始碳粒子。这一部分初始碳烟颗粒聚集并吸附气溶胶,以葡萄状、链状、团絮状连接或堆叠在一起,形成团聚态颗粒[23]。随后其中大部分在上止点后 10~20 ℃ 氧化燃烧。柴油机尾气颗粒物排放是缸内碳烟颗粒的生成和氧化相互竞争的结果[24-25]。可溶性有机物主要来源于未燃燃油、润滑油和燃烧过程中的中间产物,其成分非常复杂,包括正构烷烃、异构烷烃、多环芳烃、脂类和烯烃等。无机物和金属灰分主要来源于燃油、润滑油添加剂以及发动机零部件的摩擦碎屑。研究表明,颗粒物灰分中来自润滑油添加剂(Ca、P、S、Zn、Mg 和 Mo)的占 90% 以上,而来自发动机摩擦磨损(Cr、Pb、Fe 和 Cu)的占比较少[26]。这些金属灰分不但污染环境、危害人体健康,而且会使发动机后处理系统堵塞和催化剂中毒。

2.1.7　船舶柴油机尾气颗粒物的粒径分布

我国对于船舶柴油机尾气颗粒物粒径分布的研究较少,尤其是对燃用重油的二冲程柴油机的尾气颗粒物粒径分布的研究更是未见报道。而国外对颗粒物粒径分布有一些研究,主要体现在宏观的质量和数量方面。图 2.7 为传统车用柴油机尾气颗粒物粒径分布曲线[27],从图中可以看出,颗粒物粒径为 4~30 nm,为核态颗粒物,而颗粒物粒径主要集中在50~1 000 nm 粒径处,为积聚态颗粒物。燃用传统重油的船舶柴油机尾气颗粒物粒径分布与车用柴油机不同,如图 2.8 所示[28-29],其颗粒物粒径多为 20~500 nm,包括了核态和积聚态两种形式的颗粒物。不同粒径的颗粒物危害不同,因此对船舶柴油机尾气颗粒物的粒径分布规律进行深入研究十分必要。

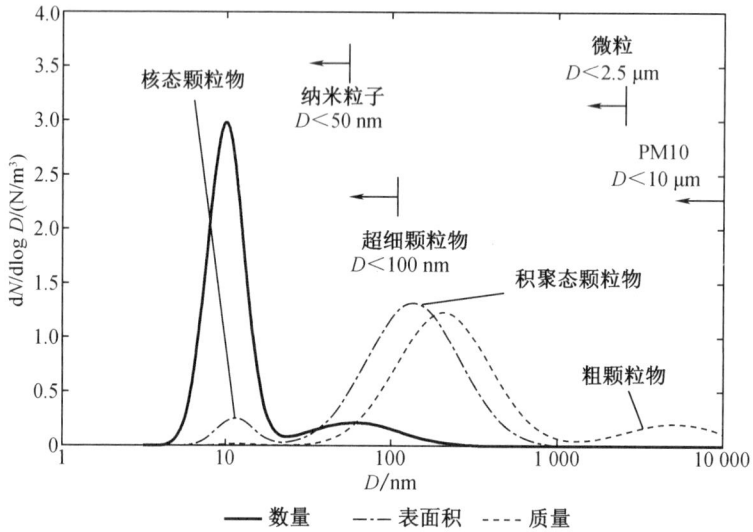

图 2.7　传统车用柴油机尾气颗粒物粒径分布曲线

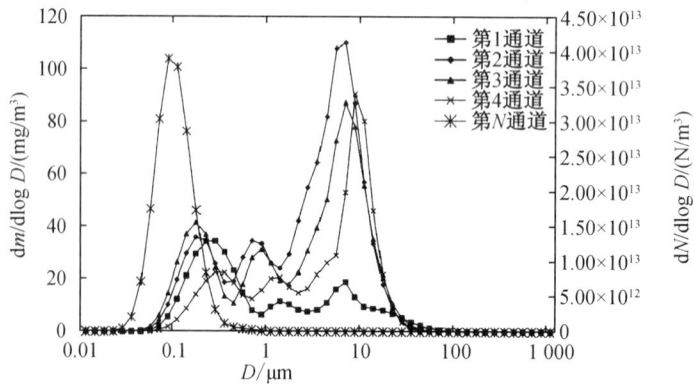

图 2.8　燃用传统重油的船舶柴油机尾气颗粒物粒径分布曲线

　　Zetterdahl 等[30]进行了船舶二冲程柴油机尾气颗粒物粒径分布试验,结果如图 2.9 所示,发现尾气颗粒物粒径分布曲线呈多峰分布。与图 2.8 对比发现,相比于燃用传统重油,燃用低硫重油的柴油机尾气颗粒物的质量浓度有所降低,特别是大粒径范围内的颗粒物的质量浓度。此研究中低硫重油的质量较传统重油质量好,改变了颗粒物的粒径分布。由此可以看出,颗粒物粒径分布主要受燃油性质及燃油含硫量的影响,燃用不同燃油的船舶柴油机尾气颗粒物粒径分布曲线不同,一般情况下颗粒物的粒径分布峰值随含硫量的升高、燃油质量的变差范围增大,但是颗粒物的总数量并不会有明显变化[30-31]。由颗粒物质量浓度-粒径分布曲线可以看出,随着燃油含硫量的减小和质量的变优,大尺寸粒径颗粒物逐渐减少,总颗粒物排放也会减少。上述研究虽然得出了颗粒物质量和数量的粒径分布与燃油质量和含硫量有一定的关系的结论,但两者的主导地位并未明确。

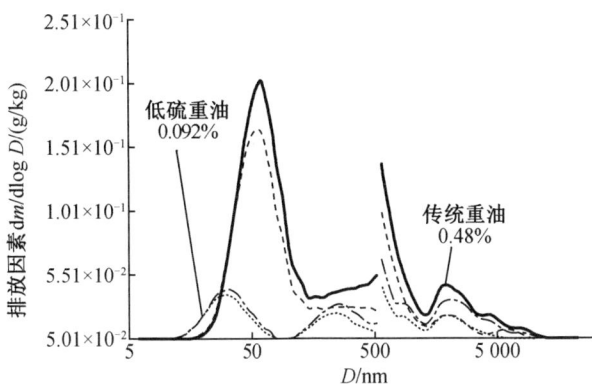

（a）

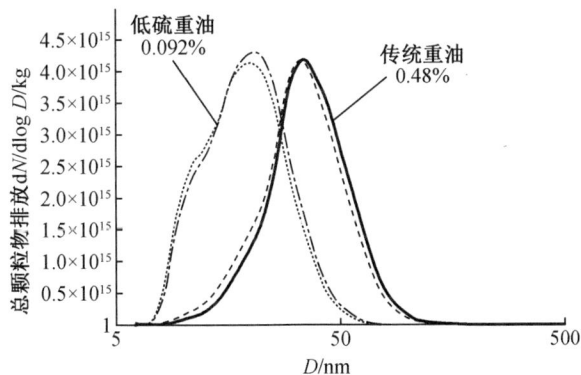

（b）

图 2.9　燃用低硫重油船舶柴油机尾气颗粒物粒径分布曲线

　　一般来说,传统车用柴油机尾气颗粒物的粒径分布主要呈单峰或双峰分布,而船舶柴油机尾气颗粒物的粒径分布也会存在一定的波峰,对于不同燃油其结果并不一致,主要与燃油性质有关。柴油机的类型及运行工况对其粒径分布也有一定的影响。目前人们关于燃用传统重油的船舶柴油机尾气颗粒物粒径分布特征的研究已有了初步认识,然而关于船舶尾气颗粒物所在粒径尺寸的主要范围尚无完全一致的结论,关于燃用满足含硫量限制要求的低硫重油或轻质柴油的柴油机,其尾气颗粒物的粒径分布特征以及含硫量和燃油质量对粒径分布的影响也并不明确,对颗粒物模态分布特征及其影响因素的研究也未见报道。

　　目前的测试仪器能相对准确地测量尾气颗粒物的数量,但对于质量的分级测量仍不精确。对于颗粒物质量-粒径分布,可以通过对仪器设定假设密度测量计算得出,也可以采用分级采样称重来确定,后者会更为准确。

2.1.8　尾气颗粒物的挥发性

由于化石燃料的燃烧,船舶柴油机尾气颗粒物中会含有挥发性成分,主要为含硫化合物和有机碳氢等,其中还会包含多种有毒的有机物(如多环芳烃等),因此船舶柴油机尾气中颗粒物的挥发性可作为衡量船舶柴油机尾气颗粒物毒性强弱的重要指标。

目前,主要有基于数量和质量两种形式用于测量柴油机尾气颗粒物的挥发性。基于数量研究颗粒物的挥发性,是通过粒径分析仪与热吸附管相结合,在线测试颗粒物的粒子浓度。Maricq 等[32]使用此方法对燃用低硫柴油的车用柴油机进行了颗粒物的挥发性研究,结果表明,随着热吸附管温度的逐步升高,核态颗粒物逐渐减少,积聚态颗粒物则没有明显变化,从而说明核态颗粒物具有较强的挥发性。而基于质量的挥发性测量是先使用滤膜收集颗粒物样品,然后采用热重分析的方法区分挥发性物质和非挥发性物质。研究表明,在低负荷下收集的颗粒物样品中挥发性成分比例较高,高于高负荷,原因是前者中含有更多的未燃碳氢[33-34]。有研究人员基于质量和数量方法测量了有关车用柴油机尾气颗粒物的挥发性,首先通过粒径分级采样收集颗粒物样品,然后通过热重分析得到基于质量的颗粒物挥发性成分所占比例,最后通过安装热吸附管配合粒径扫描得到基于数量的颗粒物挥发性成分所占比例,结果如图 2.10 所示。通过上述方法可以得到全尺寸粒径范围内的颗粒物挥发性,而相对于超低硫柴油,低硫柴油的挥发性物质所占比例较大,小尺寸颗粒物的挥发性成分所占比例最大[35-36]。

对于颗粒物的挥发性,在船舶柴油机尤其是二冲程柴油机尾气颗粒物的研究中并未见报道。由于船舶柴油机尾气颗粒物在不同粒径范围内的成分及生成机理有所不同,颗粒物的挥发性必会具有一定的粒径分布特征,而且粒径越小其危害越大,因此为了分析船舶柴油机尾气颗粒物的危害程度,有必要在区分粒径的基础上详细研究船舶柴油机尾气颗粒物的挥发特性。

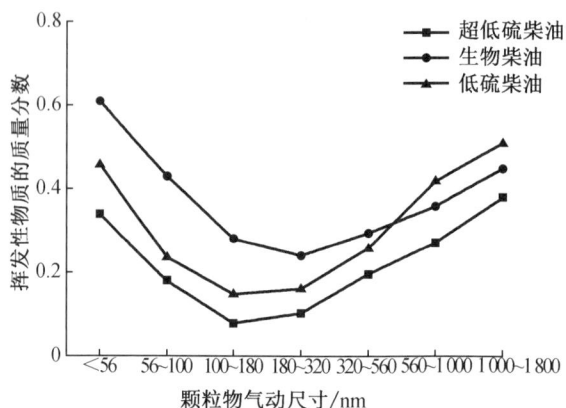

(a)

图 2.10　燃用不同燃油的车用柴油机尾气颗粒物挥发性研究

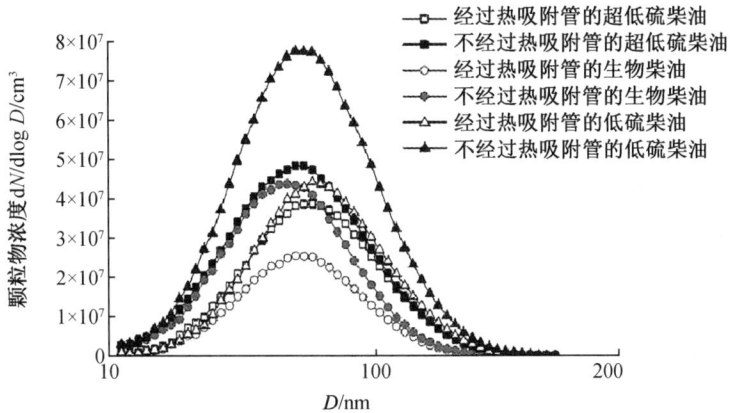

（b）

图 2.10（续）

2.1.9　船舶柴油机尾气颗粒物排放及主要成分

目前对于船舶柴油机尾气颗粒物的排放及组分已有一定研究,燃用重油的船舶二冲程柴油机尾气颗粒物的主要成分如图 2.11 所示,主要包括硫酸盐、元素碳(EC)、有机碳(OC) 和灰分,其中硫酸盐和有机碳所占比例较大[37-38],而有关研究结果[39] 显示机动车尾气颗粒物中主要成分是元素碳,其他的成分很少。Zetterdahl 等[30] 研究了船舶二冲程柴油机燃用不同燃油对尾气颗粒物的影响,除了分析出上述成分外,还得出使用低硫燃油可以降低颗粒物质量浓度的结论,但对于影响人类健康和气候的元素碳的排放没有明显的改变,对致癌物多环芳烃化合物会有一定的减少作用。Mueller 等[40] 在四冲程发动机上进行了尾气颗粒物排放试验,燃用重油时排放的颗粒物、有机物、硫酸盐和无机元素相比于燃用普通柴油明显增加。

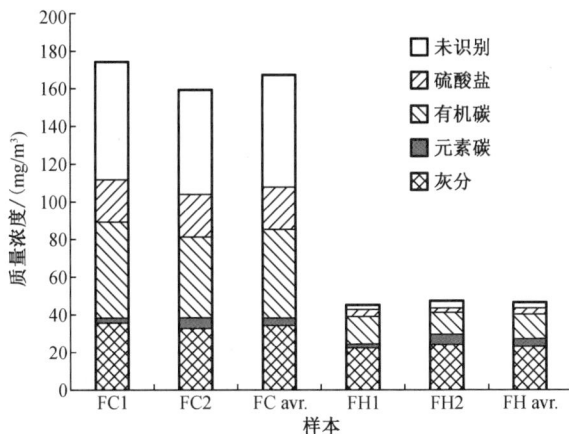

图 2.11　船舶柴油机样本颗粒物的主要成分

注:横坐标为在稀释废气(FC)和热废气(FH)中收集的单个过滤器样本及其平均值(avr.)。

对于船用燃油,含硫量用来衡量燃油质量的好坏,燃油的含硫量和颗粒物排放之间存在一定相关性[41-42]:含硫量从 0.1% 增加到 1%,PM 10 从 0.34 g/(kW · h)增加到

2 g/(kW·h),PM 2.5 和 PM1 的变化范围分别为 0.23~1.41 g/(kW·h) 和 0.27~1.9 g/(kW·h)。另有研究发现,燃用低硫石化燃料的尾气颗粒物比燃用重油的少 13%~30%,而燃用重油能够减少炭黑的排放[43]。上述研究结果显示,燃用低硫燃油可以降低尾气颗粒物的总排放质量,但含硫量对其组分的影响机理及效果并不统一,也未明确对尾气颗粒物数量及主要组分粒径分布的影响。船舶柴油机的运行工况也是影响颗粒物排放的重要因素,低负荷通常是颗粒物排放最多的工况。船舶在港口区域一般负荷较低,随着负荷的降低,颗粒物粒子浓度增加,严重增加了港口区域的颗粒物排放[31,38]。低负荷下,燃用重油会增加颗粒物的排放,而燃用普通柴油时,低负荷下颗粒物排放则会比高负荷下少[44]。

我国有关船舶柴油机尾气颗粒物的研究主要是对不同船舶污染物排放情况的统计。我国某海岸带研究院对近岸渔船的尾气颗粒物进行了研究[45],如图 2.12 所示,燃油主要为船用轻质柴油和馏分油等,颗粒物主要组分为有机碳和元素碳,各工况下元素碳通常高于有机碳,此外还包括多种有机物、离子和元素等。上海市环境监测中心伏晴艳等[46]对上海港进出船舶的排放情况做了调查,结果显示,上海港的远洋船占船舶总数不足 6%,但颗粒物和 SO$_2$ 排放量却分别占总排放量的 92% 和 72%,这与远洋船的燃料主要为重油有关。重庆市生态环境科学研究院张灿等[47]对重庆港长江上航行的两艘货船进行了尾气样品采集,所用燃油均为零号柴油,结果显示,船舶柴油机高负荷下尾气颗粒物中的离子浓度均大于低负荷下的离子浓度,含量较高的离子主要有 SO$_4^{2-}$、NO$_3^-$ 和 K$^+$,但整体占比不高,其中 SO$_4^{2-}$ 是离子浓度最大的离子组分;高负荷下元素碳占比高于空载状态下的占比,有机碳占比低于空载状态下的占比;无机元素成分主要为铁和镁,其次为硅和钠,质量分数均不足 2%,在有关燃烧重油的尾气颗粒物中离子和元素的研究中,离子浓度最大的也为 SO$_4^{2-}$,而最多的金属元素为镍和钒,非金属元素为硫。

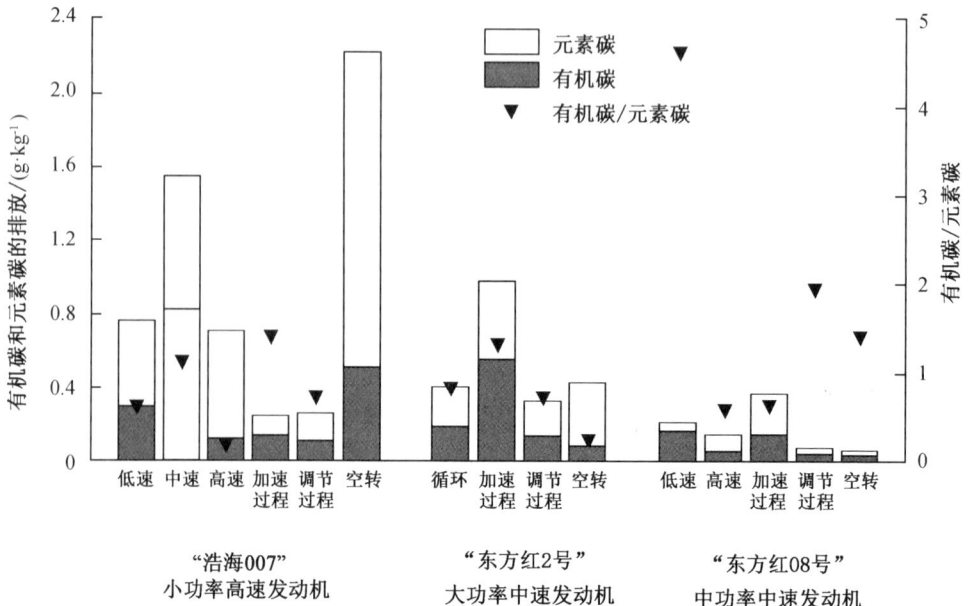

图 2.12　船舶柴油机尾气颗粒物碳成分

关于船舶柴油机尾气颗粒物主要成分的粒径分布的研究较少,目前只有部分学者针对车用发动机尾气颗粒物的主要成分进行了粒径分布的研究,包括碳、离子和有机物等。国外研究结果显示,车用汽油机尾气颗粒物中含有大量的元素碳,粒径集中于 100 nm 和 200 nm 左右,其他成分含量极少,而柴油机尾气颗粒物中元素碳含量要大于有机碳,粒径主要集中于 100 nm 左右[48],而柴油机排放的多环芳烃化合物则主要存在于粒径小于 350 nm 的颗粒物中[49]。我国上海交通大学对车用柴油机尾气颗粒物主要成分的粒径分布的研究较早,研究发现有机碳和元素碳的峰值分别出现在 180~320 nm 和 100~180 nm,燃用低硫柴油高负荷下元素碳的排放明显高于有机碳,燃用生物柴油时元素碳的排放要低于有机碳,而且低硫柴油碳成分的排放要高于超低硫柴油[35-36]。国内对车用柴油机尾气颗粒物主要组分有相关研究,但是道路车辆一般采用四冲程发动机(汽油或柴油),而大型船舶的推进系统广泛采用的是低速二冲程和中速四冲程柴油机,内河渔船和工程船等中小型船舶大多采用中高速四冲程柴油机,另外车辆与船舶的运行工况、燃油性质等也存在差异,因此必将导致二者的尾气颗粒物的特性具有较大区别。

2.1.10　船舶柴油机尾气颗粒态有机物

船舶废气中还含有多种有机物质,主要以气态和颗粒态两种形式存在,通常采用气相色谱质谱连用法检测多种多环芳烃和烷烃等有机物。现今已发现 200 多种多环芳烃化合物,其中相当一部分具有剧毒和致癌性。美国国家环境保护局优控的 16 种多环芳烃化合物是研究重点[50],其类型及结构如表 2.1 所示。研究发现,船舶排放的废气对大气中的多环芳烃化合物有较大贡献,燃用传统重油的船舶柴油机尾气中的多环芳烃化合物含量明显偏高,远远高于使用柴油及汽油等燃料[51-52],使用轻质柴油时多环芳烃化合物排放量较低;此外,即使同种类型的油品,在不同的船舶上仍会表现出较大的多环芳烃化合物排放因素差异,说明船舶柴油机类型会影响多环芳烃化合物的排放[44,53],而多环芳烃化合物也是碳烟微粒最重要的前驱。萘(Nap)等低苯环多环芳烃在尾气中含量较高,但大部分以气相的形式存在,由于具有较强的挥发性,颗粒采集的回收率较低。上述研究主要针对的是颗粒态多环芳烃化合物的总排放量,而多环芳烃化合物作为颗粒物中具有毒性的主要致癌物质,其对人体健康的危害程度还与颗粒物粒径大小密切相关,因此有必要在掌握其排放量的基础上对多环芳烃化合物及其毒性进行粒径分布研究。

表 2.1　多环芳烃化合物的类型及结构

中文名称	英文名称	简称	环数	结构
萘	Naphthalene	Nap	2	
苊	Acenaphthylene	Acy	3	

表 2.1(续 1)

中文名称	英文名称	简称	环数	结构
二氢苊	Acenaphthene	Ace	3	
芴	Fluorene	Flu	3	
菲	Phenanthrene	Phe	3	
蒽	Anthracene	Ant	3	
荧蒽	Fluoranthene	Flua	4	
芘	Pyrene	Pyr	4	
1,2-苯并蒽	1,2-Benz anthracene	BaA	4	
䓛	Chrysene	Chr	4	
苯并[b]荧蒽	Benzo[b]fluoranthene	BbF	5	

表 2.1(续 2)

中文名称	英文名称	简称	环数	结构
苯并[k]荧蒽	Benzo[k]fluoranthene	BkF	5	
苯并[a]芘	Benzo[a]pyrene	BaP	5	
二苯并[a,h]蒽	Dibenzo[a,h]anthracene	DahA	5	
苯并[g,h,j]芘	Benzo[g,h,i]perylene	BghiP	6	
茚并[1,2,3-cd]芘	Indeno[1,2,3-cd]pyrene	IcdP	6	

　　柴油机尾气中正构烷烃含量较多,这与化石燃料的成分有关,研究结果显示正构烷烃的排放量高于多环芳烃,占有机成分的大部分,而燃用重油排放的烷烃低于轻质柴油[51]。正构烷烃对人体也具有严重的危害,包括对呼吸系统和神经系统的刺激以及对皮肤的损伤或诱发癌变等。因此,对颗粒物中正构烷烃的研究,有助于更深入地了解颗粒物的成分及危害。

　　可以看出,船舶柴油机尾气颗粒物的排放特性与柴油机的类型、运行工况、燃烧特性及燃油质量、含硫量等多种因素有关,而柴油机负荷、燃油质量以及燃油含硫量是影响颗粒排放的关键因素。我国无论是在船舶工业、港口规模还是在各种船舶的数量方面都居于世界前列,为了港口、海洋环境和周边人群的身体健康,不可忽视船舶颗粒物排放。目前人们关于船舶柴油机尾气颗粒物主要组分的研究已取得初步共识,但对颗粒物质量、数量的粒径分布及模态组成研究较少,不同粒径范围内颗粒物的挥发性及有害组分的分布特征未见报道。一般来说降低燃油的含硫量可以减少总颗粒物排放,但其对颗粒物排放的数量及有机成分的影响仍无定论,而且关于含硫量对颗粒物粒径分布影响的研究也并不多见,一些结论之间甚至存在矛盾,而我国关于船舶柴油机尾气颗粒物排放特性的研究更是极其少见。随着硫排放法规的逐步实施,燃用满足硫排放限值要求的燃油对船舶柴油机尾气颗粒物排放特性的影响也未明确,因此有必要在满足硫排放限值要求的基础上深入开展对船舶柴油机尾气颗粒物的排放规律及其影响机制的研究,分析不同粒径范围内有害组分的分布特征,可以直观有效地反映船舶对环境颗粒物及有害成分的贡献值,并可作为我国船舶柴油机尾气颗粒物控制技术研究的依据。

2.2 船舶柴油机尾气颗粒物的危害

颗粒物是大气污染的主要来源之一[19]。根据 2019 年 5 月我国生态环境部发布的《2018 年中国生态环境状况公报》,2018 年全国 338 个地级及以上城市中,217 个城市环境空气质量超标,占 64.2%。其中,以 PM2.5 为首要污染物的天数占重度及以上污染天数的 60.0%,以 PM10 为首要污染物的天数占 37.2%。除了造成雾霾、光化学烟雾等污染外[54-55],颗粒物还对人体健康产生严重危害[56]。由于颗粒物粒径小、成分复杂、比表面积大、吸附能力强,容易成为细菌和病毒的载体,当人们将其吸入肺部时,会诱发呼吸系统疾病,如哮喘、肺炎、气管炎等。尤其是纳米级颗粒物,其粒径更小,对人体危害更严重。此外,颗粒物中可溶性有机物还可能穿过肺泡上皮细胞进入循环系统,从而引起心脑血管疾病。研究表明,在 65 岁人群中,PM2.5 每增加 10 $\mu g/m^3$,心血管疾病患病风险增加 2.77 倍,呼吸系统疾病患病风险增加 3.94 倍[57]。

2.2.1 船舶柴油机尾气危害

船舶柴油机使用的燃油通常为黏度高、含硫量高、残碳高的劣质燃油,船舶所排放的尾气中含有多种对人体健康有害的大气污染物,比如 CO、SO_2、HC、氢氧化合物以及颗粒物等。美国将柴油机所排放的 40 多种化合物均列入了"危险空气污染物清单"(HAP),包括甲醛、乙醛、1,3-丁二烯、苯、多环芳烃类和砷、铅、汞、锰等金属的化合物[58]。

发动机的内燃机气缸中存有很多气体[59],在一定条件下这些气体会生成氢氧化合物,氢氧化合物的排放受多种因素影响,比如燃烧的温度、时长和空燃比等。对船舶柴油机燃烧的过程进行定性分析发现,所排放的 NO_x 中 NO 占 95% 以上,其他的为 NO_2。至今还未发现 NO 损害人体健康的事件,但 NO_2 是一种红棕色、具有刺激性气味的有害气体,它对人体机能有很大危害。科学试验证明,NO_x 与有机物反应会生成臭氧,该物质是一种可以损伤人类呼吸道的氧化物[60]。

当 HC 和 NO_x 受紫外线强烈照射后,会发生光化学反应,生成一种新的污染物,并且形成光化学烟雾。接触这种光化学烟雾会增加气管炎、肺结核、冠心病和心脏衰弱患者的死亡概率。

同时,生物学家研究表明颗粒物对人体健康的危害不可小觑。颗粒物主要影响人体的呼吸和循环系统,可引发过早死亡、呼吸急促和心血管疾病[60];促使肺功能变化和呼吸系统病症增加;使肺组织和结构改变、呼吸系统防御机能下降等。生物学家表示,细微颗粒物是引发心血管疾病、呼吸系统疾病的主要病因,对人体健康危害严重。柴油机尾气中含有的颗粒物粒径非常小,它能够穿过肺泡壁层,并且含有能够诱导有机体癌变的物质,美国一份国家毒物学研究报告显示,柴油机排放的颗粒物中,有 98% 的颗粒物粒径小于 10 μm(PM10),94% 的颗粒物粒径小于 2.5 μm(PM2.5),92% 的颗粒物粒径小于 1 μm(PM1)。美国国家环境保护局在对众多职业病的研究中发现,有充足的证据表明,使用柴油机的职业工人的肺癌发病率与和柴油机排放物的接触有明显相关性。美国相关组织对柴油机所排放的颗粒物进行风险评估,结果表明当空气中增加 10 μg/m³ 颗粒物时,由颗粒物引发的癌症死亡率就可能增加 1%。

2.2.2　船舶柴油机排放水平

我国环境科学研究院做的一项"船舶和港口空气污染防治研究项目"的初步调查显示,船舶排放到空气中的大气污染物(仅仅对柴油机船舶部分进行估算)中,NO_x 一年排放量约为 81 万 t,颗粒物一年排放量约为 6.6 万 t,SO_x 一年排放量约为 10 万 t。船舶所排放的 NO_x 占整个非道路移动源的大气污染物的 13.32%,颗粒物排放量占整个非道路移动源的大气污染物的 17.63%。

大多数远洋船都是由大型压燃式发动机推进的,压燃式发动机的颗粒物、SO_x 和 NO_x 等排放量很高,严重污染环境。远洋船主要是通过燃料油提供动力、热力和电力的。船用燃料油通常是炼油的残余产物,这种燃料油含硫量高、黏度大,此外还含有重金属,如镉、钒和铅等。发动机中的燃料燃烧后,燃料油中的硫大部分转化成 SO_2,还有一小部分被氧化为 SO_3,产生的硫酸和硫酸盐气溶胶,以颗粒物的形式被排到大气中。SO_x 和 NO_x 的排放同时也加剧了粒径小于 2.5 μm 颗粒物副产物的生成[60]。以 SO_2 和硫酸盐为主的颗粒物的质量浓度与燃油中的含硫量成一定比例。所以,即使不借用任何排放控制装置,仅仅转用低硫燃油也能够直接降低 SO_2 和颗粒物的排放量[61]。

根据道路污染源的防控经验,若想将柴油的含硫量控制在较低水平(<0.035%)或者更低水平(<0.001%),还需利用高效的排放控制技术,比如控制 NO_x 的选择性催化还原技术、颗粒物去除率高于 90% 的颗粒物捕捉器等[62-63]。

有数据显示,船用燃料油含硫量是车用柴油的 100～3 500 倍。因此,船舶单位燃料所排放的 SO_2 和颗粒物数量远远超过道路车辆所排放的。我们假定一艘中型到大型集装箱船使用的燃料油含硫量为 3.5%,并且以最大功率的 70% 行驶,可以算出,该船一天 PM2.5 的排放量大约为我国 50 万辆国 Ⅳ(我国第四阶段机动车污染物排放标准)货车一天的排放量。

2.3 船舶柴油机尾气排放控制标准

2.3.1 国外船舶柴油机尾气颗粒物控制标准

IMO 通过的《经 1978 年议定书修定的 1973 年国际防止船舶造成污染公约》(MARPOL 73/78)附则Ⅵ对船舶的 NO_x 和 SO_x 排放进行了限制,并禁止故意排放破坏臭氧层的物质。该公约规定了全球适用的排放标准,以及适用于排放控制区域(ECA)的更严格标准。

在 ECA 内,船舶必须使用低硫燃料油或采取其他等效措施来减少 SO_x 的排放。例如,波罗的海、北海、北美和美国加勒比海地区都被指定为 ECA,要求驶入这些区域的船舶必须遵循更严格的排放限制要求。此外,从 2016 年 1 月 1 日起,新建或改装的 130 kW 及以上的船舶发动机须满足附件Ⅵ TierⅢ的 NO_x 排放标准。

此外,IMO 引入了能效设计指数(EEDI)和船舶能效管理计划(SEEMP),旨在减少温室气体的排放,并于 2018 年通过了一项减少船舶温室气体排放的初步战略。该战略的目标是到 2050 年年度温室气体排放总量比 2008 年减少至少 50%。

2.3.2 国内船舶柴油机尾气颗粒物控制标准

目前我国大多数船舶使用的发动机是压燃式发动机,而船舶使用的燃料要么是柴油要么是含硫量较高的船用燃料油,船舶排放的污染物包括颗粒物、HC、NO_x 以及 CO 等。国内船舶尾气颗粒物控制标准的具体实施细则主要体现在《船舶大气污染物排放控制区实施方案》中,该方案由交通运输部发布。以下是该方案中关于颗粒物排放控制的具体要求:

(1)SO_x 和颗粒物排放控制:自 2019 年 1 月 1 日起,海船进入排放控制区应使用含硫量不大于 0.5% 的船用燃油。自 2020 年 1 月 1 日起,海船进入内河控制区应使用含硫量不大于 0.1% 的船用燃油。

自 2020 年 3 月 1 日起,未使用 SO_x 和颗粒物污染控制装置等替代措施的船舶进入排放控制区,只能装载和使用按照该方案规定应当使用的船用燃油。

自 2022 年 1 月 1 日起,海船进入沿海控制区海南水域,应使用含硫量不大于 0.1% 的船用燃油。

(2)NO_x 排放控制:2000 年 1 月 1 日及以后建造或进行船用柴油发动机重大改装的国际航行船舶,其使用的单台船用柴油发动机输出功率超过 130 kW 的,应满足《国际防止船舶造成污染公约》第一阶段 NO_x 排放限值要求。

(3)船舶靠港使用岸电要求:2019 年 1 月 1 日及以后建造的中国籍公务船、内河船舶(液货船除外)和江海直达船舶应具备船舶岸电系统船载装置。

(4)替代措施:船舶可使用清洁能源、新能源、船载蓄电装置或尾气后处理等替代措施满足船舶排放控制要求。

2.4　柴油机尾气颗粒物处理

柴油机尾气颗粒物处理按先后顺序分为机前处理、机内净化、机后处理。

2.4.1　机前处理

机前处理主要是对燃料进行处理,在燃烧过程中减少颗粒物排放。该方法主要包括以下具体措施[64-65]:

(1)减少燃油含硫量。在柴油机运转过程中,硫会被转换成 SO_2 和硫酸盐,而部分 SO_2 会进一步发生化学反应生成硫酸或者硫酸盐。如果减少燃油含硫量,尾气中颗粒物含量将会降低。

(2)适当提高燃油中十六烷的含量。十六烷含量越高,燃油的着火性能就越好,越会缩短燃油的着火延迟时间,因而能够降低尾气中颗粒物含量。但是需要注意的是,十六烷含量要适中,如果太高会导致燃烧太快而产生游离碳,使燃烧不完全,反而会升高尾气中颗粒物含量。

(3)在燃油中添加消烟添加剂。消烟添加剂能够提高碳烟粒子再燃烧的比例,从而减少尾气中颗粒物含量。研究表明,该方法可以使颗粒物减少 30%~50%。

(4)提高燃油中含氧物质量。增加燃油中的含氧物,HC、CO 和颗粒物的排放量都会有所下降。

(5)使用燃油添加剂。这里使用的添加剂有两种,一种是直接对碳烟燃烧具有催化作用的催化剂,另一种添加剂在高温条件下能发生化学反应并生成对碳烟燃烧具有催化作用的物质,然后在这些催化剂的作用下,碳烟颗粒的着火点会降低,从而燃烧更加充分,减少颗粒物的排放。

2.4.2　机内净化

机内净化通过改变柴油机结构参数或运行参数,在颗粒物生成前采取措施控制颗粒物排放。机内净化可以采取以下几种措施[64-65]:

(1)改进喷油系统。对燃油的喷油时刻进行适当延迟,可以减少 NO_x 排放。减小喷孔直径和喷油压力能够明显降低颗粒物的排放,而对喷嘴压力室、喷油嘴进行优化能够大幅度降低颗粒物和 HC 的排放。

(2)改进燃烧室结构。对燃烧室气体的运动和油速进行协调,能够使二者混合更加均匀,使燃烧更加充分,从而减少由于燃油不完全燃烧而产生的污染物。

(3)增压中冷技术。对进气增压能够有效改善燃油的燃烧,但是这种措施也会导致温度升高,从而导致 NO_x 排放增加,所以在增压的同时也应该降低进气的温度。

(4)EGR。NO_x 产生的主要原因是在高温条件下,氮气和多余的氧气发生了化学反应,EGR 技术将废气再次导入进气系统,降低燃烧温度,从而减少了 NO_x 的排放。

机内净化措施还有对润滑系统进行改进、采用可变技术等,这些技术都可以减少尾气污染物的排放。

柴油机机前处理和机内净化技术目前都已达到很高水平,要想通过这两种方式进一步减少柴油机的颗粒物排放存在一定限制,而尾气机后处理技术仍具有很大的研究空间。

2.4.3 机后处理

机后处理的技术也称后处理技术,包括柴油机氧化型催化器(DOC)技术、DPF 技术、颗粒氧化催化(POC)技术、连续性再生颗粒捕集系统(CRT)、电晕放电静电吸附技术、旋风除尘、静电除尘、湿式洗涤等[66-68]。不同的机后处理技术净化效果不同。表 2.2[69-72] 列举了一些常用的后处理技术对比情况。

表 2.2　后处理技术对比

技术	再生方式	转化效率	发动机原始排放限定		成本/元	燃油要求(含硫量)
			NO_x/ $[g/(kW \cdot h)]$	PM/ $[g/(kW \cdot h)]$		
DOC		SOF 80% THC/CO 90%	<3.3	<0.025	1 000	0.005%
DOC+POC	CRT	颗粒物 50%	<3.3	<0.035	3 000~7 000	0.005%
DPF	DOC+DPF	颗粒物 90%	<3.3	<0.14	20 000~25 000	0.005%
	辅助燃烧器+DPF		<3.3	<0.14	20 000~25 000	0.005%

注:THC 为总碳氢化合物。

DOC 技术是将催化剂均匀敷在载体上(陶瓷或金属蜂窝载体),当尾气流过催化剂时,利用催化剂在较低反应温度下(200~300 ℃)将颗粒物中的 SOF 和小部分碳颗粒催化氧化成 H_2O、CO_2 等产物,从而减少颗粒物排放。该技术可去除 90% 的 SOF,使得颗粒物排放减少 40%~50%,同时降低超过 30% 的 CO 和 50% 的 HC 排放量[70]。此外 DOC 技术对醛类、多环芳烃也具有一定的去除能力。DOC 技术的关键是催化剂,目前常用的催化剂主要是铂、钯等贵金属催化剂。DOC 技术也是目前应用较广的一种柴油机尾气颗粒物控制技术[71],但该技术一般应用于低硫燃油(国Ⅳ、国Ⅴ柴油)柴油机,使用高硫燃油会导致催化剂中毒和大量硫酸盐生成,进而导致催化剂失效。该技术的研究方向是开发新型高效催化剂,在降低成本的同时,拓宽温度窗口,提高颗粒物去除效率和选择性,其中分子筛、复合氧化物、钙钛矿型复合氧化物等催化剂是研究的方向和热点。

DPF 技术是目前应用较广的一种柴油机尾气颗粒物控制技术[71],该技术利用装有极小孔隙滤芯的过滤器,通过惯性碰撞、物理截留、重力沉降等作用将尾气中的颗粒物去除,其中滤芯常用材料有陶瓷基和金属基两种。但随着颗粒物在滤芯多孔壁面和孔道中的不断累积,过滤器会出现堵塞情况,严重影响柴油机正常运行,因此需通过颗粒物燃烧的方式对 DPF 进行再生。颗粒物起燃温度一般为 550~650 ℃,要高于尾气烟温,因此为了实现 DPF

再生,通常采用被动再生和主动再生两种工艺。被动再生即通过向燃油或滤芯表面添加催化剂[72],降低颗粒物起燃温度至尾气排放温度范围,氧化去除颗粒物;主动再生即通过电加热、红外加热等技术,提高柴油机排气温度或滤芯温度,使其达到颗粒物起燃温度,氧化去除颗粒物[73]。丹麦 Notox 公司开发的一种 SiC 蜂窝结构壁流式过滤器,可实现 99.8% 的颗粒物去除率[70]。目前,DPF 技术一般应用于低硫燃油柴油机(含硫量小于 50 μL/L),颗粒物去除率在 70%~90%,当使用超低硫燃油时,DPF 技术可实现颗粒物减排 90% 以上,还能减少 60%~90% 的 CO 和 HC 排放。但该技术不适合在使用高硫燃油的柴油机上应用,原因在于燃油中含硫量高,燃烧会生成大量硫酸盐,导致过滤器堵塞失效。目前 DPF 技术已在使用低硫燃油(国Ⅳ、国Ⅴ柴油)的内河船、近海渔船等船舶柴油机上应用,而大型沿海、远洋船舶由于使用燃料油,DPF 技术应用受到限制。

POC 技术是为了解决 DPF 技术使用时需周期性再生的缺点而开发的新型净化颗粒物的后处理技术[74],用于捕捉并氧化尾气中的颗粒物。其基本原理是使气流通过一个曲折的通道,此时气流在形状复杂的通道内不断改变流线,跟不上气流的微粒被吸到壁面上与 NO_2 分子进行氧化反应,生成 NO 和 CO_2[75]。将 POC 和 DOC 技术组合使用对废气中有害成分的转化率会比单一使用其中一种技术更高[76]。POC 技术主要净化颗粒物中的碳烟,具有成本低、质量小、体积小、易于集成到排气后处理系统的特点。但 POC 技术使用的是半通式滤器,捕捉能力不及 DPF 技术,净化能力稍差。

CRT 是由氧化催化器和颗粒物过滤器两个模块串联安装组成的,其中氧化催化器在前,过滤器在后[77]。尾气通过氧化催化器,其中的 HC 被转化成 H_2O 和 CO_2,CO 被转化成 CO_2,部分 NO 被转化成 NO_2,但由于温度较低,大部分碳颗粒无法氧化,直接随气体进入过滤器。进入过滤器中的气体组分可通过滤孔壁外排,而碳颗粒被过滤截留。由于气体中含有 NO_2,在 250 ℃ 低温下其可作为氧化剂将积存的碳颗粒氧化,因此最终可实现 90% 以上颗粒物、CO、HC 的去除。CRT 与 DPF、DOC 技术一样,受燃料含硫量的影响显著,一般用于使用无硫或低硫燃油(国Ⅳ、国Ⅴ柴油)的船舶柴油机,而在使用燃料油的船舶柴油机上应用受限。

电晕放电静电吸附技术是一种新型的高效除尘技术,该技术采用电离段和吸附段两级处理结构,通过电离段使颗粒物带电,在吸附段吸附去除颗粒物。该技术与 DOC、DPF 技术相比具有系统阻力小、污染负荷适应性好、去除率高等优点。中国船舶集团有限公司 704 研究所研制的静电式尾气净化装置(YJD 型)对 PM2.5 去除率高达 81%[78],可实现颗粒物的高效去除。但该技术也存在投资运行成本较高、占地较大等缺点,需要加以改进。

此外,旋风除尘、静电除尘等常规除尘技术对颗粒物也具有较好的去除能力,但旋风分离器对粒径小于 0.5 μm 的颗粒物的去除率不高[79]。日本东京海洋大学的研究团队将静电除尘和旋风除尘进行组合,开发出静电旋风除尘器,可实现颗粒物去除率大于 80%[80],但该装置存在能耗高、体积大等问题。

针对目前柴油机尾气中颗粒物超标的问题,结合我国基本国情,DPF 技术在我国是公认的最有效的处理颗粒物的后处理技术[81]。

2.5 柴油机尾气颗粒物后处理技术

2.5.1 柴油机尾气颗粒物后处理技术基础

柴油机尾气颗粒物后处理技术多种多样[82]，主要包括 DOC 技术、SCR 技术、DPF 技术、POC 技术以及稀燃 NO_x 吸附还原(LNT)技术等。其中 DPF、POC 技术主要用于降低颗粒物排放量；DOC 技术一般用来控制 CO 和 HC 排放，它多为直通式载体结构，表面涂覆有贵金属催化剂，在降低 CO 和 HC 排放量的同时也可以降低部分颗粒物的排放量[83]，目前也多用来与 SCR 以及 DPF 或 POC 技术联用，可以将尾气中的 NO 氧化为 NO_2，提高 SCR 的反应效率或者使 DPF 或 POC 更好地再生。壁流式 DPF 技术对颗粒物的过滤效率可以达到90%以上，而 POC 技术使用的是一种新型的降低颗粒物排放量的后处理装置。SCR、LNT 技术主要针对降低 NO_x 排放量设计。表 2.3 所示为欧盟重型柴油车排放法规中的部分限值以及对应的后处理技术。

表 2.3 欧盟重型柴油车排放法规中的部分限值以及对应的后处理技术

标准	测试循环	NO_x 限值 /[g/(kW·h)]	PM 限值 /[g/(kW·h)]	NH_3 限值 /10^{-6}	PN 限值 /[1/(kW·h)]	后处理技术
欧Ⅲ标准	ESC	5.00	0.10	—	—	DOC
	ETC	5.00	0.16	—	—	
欧Ⅳ标准	ESC	3.50	0.02	25	—	DOC+POC/ EGR+DPF/SCR
	ETC	3.50	0.03	25	—	
欧Ⅴ标准	ESC	2.00	0.02	25	—	DOC+SCR/ SCR+DPF
	ETC	2.00	0.03	25	—	
欧Ⅵ标准	WHSC	0.40	0.01	10	8×10^{11}	DOC+DPF+SCR
	WHTC	0.46	0.01	10	6×10^{11}	

注：ESC 为欧洲稳态循环；ETC 为欧洲瞬态循环；WHSC 为世界统一稳态循环；WHTC 为世界统一瞬态循环；PN 为固体悬浮微粒数量；欧*标准指欧洲汽车排放第*代标准。

2.5.2 柴油机尾气颗粒物后处理技术现状

1.国外柴油机尾气颗粒物后处理技术研究现状

目前，国外关于柴油车尾气排放后处理方面的关键技术主要有四种：第一种是氧化催化转化(OCC)技术[84]，这种技术主要通过氧化作用将颗粒物中的可溶性挥发物和烃类去除；第二种是 DPF 及其再生技术[85]，这种技术主要通过过滤去除碳烟等颗粒物；第三种是氮氧化物净化技术[86]，这种技术会对 NO_x 产生吸附作用并使其还原，过程中的 NH_3、尿素或者 HC 均是还原剂，可以将 NO_x 选择性还原成 N_2；第四种是同时净化颗粒物、HC、CO 和 NO_x

的四效催化技术。

近年来,在国外应用最广泛的 SCR 技术主要采用的是以氨或尿素为还原剂的 V_2O_5-WO_3-TiO_2 催化体系[87]。

过滤器采用的过滤材料以及材料再生问题都是有待研究的关键。目前,在国外这两大关键问题的研究均有所突破。关于过滤器,在国外应用最广泛的为碳化硅壁流式过滤器。在材料再生方面,催化再生技术成为核心技术,这种技术的工作原理是通过控制柴油机燃烧,提高发动机内的排气温度,或使过滤器内的颗粒物在催化剂的作用下低温燃烧,这样便可以缩短过滤材料的再生时间,提高其再生程度。该技术容易获得与实施,具有很好的应用前景。

在 DPF 技术方面,法国 PSA 标致雪铁龙公司居全球技术领先地位。该公司的柴油车排放后处理系统在燃料中添加化学剂,从而降低颗粒物的着火温度,与此同时结合高压共轨喷射系统产生的二次喷射来提升发动机尾气温度,使 DPF 再生,最终实现主动再生与被动再生相结合。在 DPF 前装有氧化催化器,既可有效降低 HC、CO 排放量,又能产生氧化热。柴油车排放后处理系统能有效净化柴油机尾气,已成功应用于该公司的多款柴油车[87]。

2. 国内柴油机尾气颗粒物后处理技术研究现状

相比于发达国家,我国降低柴油机 NO_x 排放的 SCR 技术研究起步较晚,目前国内几家大型柴油机企业均在研制接近欧Ⅳ标准的柴油机系统,将 SCR 技术与 LNT NO_x 捕集器、微粒过滤器和 EGR 技术结合使用以满足欧Ⅳ、欧Ⅴ标准。2006 年,广西玉柴机器集团有限公司研制出了第一台达到欧Ⅳ标准的柴油机,该机采用 SCR 技术并很大程度上优化了柴油机的燃烧性能。

如今处于研究中的柴油机尾气颗粒物后处理技术的重点落在提高减排性能、减少占用空间、降低燃料消耗损失以及生产运营成本方面。

在颗粒物排放控制领域,考虑到燃料的经济性,新兴的后处理技术主要集中在提高再生性能上。将多个后处理技术集成到单个设备中,可以显著减小后处理系统的质量和所占用的空间。表 2.4 是对目前国内外研究中的后处理技术的汇总介绍。

表 2.4　对目前国内外研究中的后处理技术的汇总介绍

技术	发展现状	优点	可能存在的问题	文献
在入口通道上有多孔膜涂层的 DPF	通过优化多孔介质的孔隙结构来提高 DPF 对颗粒物的捕集效率,并减小压降	● 降低背压可以实现更小的 DPF 体积或更低的燃油经济性损失 ● 压降与烟尘质量负荷的线性变化可以改善监测和再生控制 ● 膜更合理地与烟灰催化剂接触可降低催化剂负载	● 膜涂层的长期耐久性 ● 涂覆 DPF 的额外成本	MENG Z W, ZHANG J T, BAO Z Q, et al. Numerical simulation of diesel particulate filter performance optimization through pore structure analysis [J]. Process Safety and Environmental Protection, 2023,177:1072-1084

表2.4(续1)

技术	发展现状	优点	可能存在的问题	文献
用于改善再生的具有内部热回收功能的DPF	针对DPF热再生过程中温度控制的大滞后特性,研究了一种采用发动机排气温度和排气流量作为增益补偿的优化热再生温度控制结构	在主动再生下基板的较低热应力,改善了过滤器耐久性	由于制造工艺更复杂,会产生的一定的额外成本	黄铁雄,胡广地,郭峰,等.DPF热再生过程温度控制与试验[J].内燃机学报,2020,38(03):257-264
新型DPF基材	●探索使用新型材料如碳化硅(SiC)、钛酸铝、堇青石等作为DPF的基材,以提高其耐高温、耐腐蚀和提高过滤效率的能力 ●通过对DPF基材的微观结构进行优化,如改变孔径大小和分布,以改善过滤性能和减少压降	可以在不影响热韧性的情况下实现更高的烟尘质量负载或更低的基板压降		曹莉萍,杜毅帆,温伯霖,等.柴油车颗粒过滤器(DPF)基体材料研究进展[J].中国陶瓷,2022,58(07):1-8
单个DPF基板上的气体氧化/NO_x还原和烟灰氧化催化剂	针对氮氧化物存储/还原(NSR)催化剂的组成要素,从活性组分(Pt、Pd、Rh)、存储组分(Ba、K、Mn、Ce、Mg、Li)、载体角度(氧化物、复合氧化物)对NSR催化剂进行了系统综述,总结了各要素对NSR催化剂的存储能力、还原活性以及稳定性的影响	●压降更小 ●高气体氧化活性 ●高催化烟灰活性	●低NO_x还原 ●需要验证耐久性	刘若冰,夏文正,杨冬霞,等.NO_x储存还原(NSR)催化剂研究进展[J].稀有金属,2023,47(03):425-440
在DPF技术中的SCR催化剂的集成	SCR催化剂涂覆在DPF上,在低温和低负荷条件下提高NO_x转化效率和催化活性,可以显著减少发动机的烟尘排放,并且随着SDPF上烟尘负荷的增加,可以有效减少发动机的核模式颗粒物(PN)排放	后处理系统的尺寸更小、成本更低	来自烟灰的SCR催化剂的焦化,可能会降低SCR性能	ZHENG L,CASAPU M,GRUNWALDT J D. Understanding the multiple interactions in vanadium-based SCR catalysts during simultaneous NO_x and soot abatement[J]. Catalysis Science & Technology, 2022(12):3969-3981

表 2.4(续 2)

技术	发展现状	优点	可能存在的问题	文献
电再生基体金属 DPF	研究了钛酸铝和碳化硅材料对 DPF 和催化型 DPF(CDPF)再生性能的影响规律。试验结果表明,随着来流温度的增加,不同材料载体的最高温度和最大温度梯度先缓慢增加后迅速增加,而再生效率逐渐呈线性增大	• 过滤器再生的燃油损失极低 • 低质量结构 • 适用于柴油混合动力和增程车辆	• 过滤效率低 • 成本很高	孟忠伟,陈超,秦源,等.载体材料对 DPF 再生性能影响的试验研究[J].内燃机工程,2018,39(03):53-57
固态氨储存方法,替代尿素,如氨基甲酸酯和金属铵	携带相同质量还原剂时,固态 SCR 系统的体积仅为尿素 SCR 系统的1/3,在一定条件下对 NO_x 的转化效率有明显提升	• 维修期间降低充电频率 • 与尿素相比,更易于运输、储存和处理 • 现有基础设施支持生产		刘颖帅,胡广地,齐宝华.固态 SCR 技术降低柴油机尾气 NO_x 的排放[J].环境工程学报,2021,15(02):626-634
采用高温(Fe-沸石)和低温(Cu-沸石)催化剂的 SCR 基板的带状涂层	研究了不同过渡金属掺杂对 Cu-SSZ-13 沸石催化剂的 NH_3-SCR 反应的影响,发现 Fe 掺杂的催化剂表现出扩大的工作温度窗口和优异的高温 SCR 活性	提高 SCR 温度范围		JOSHI S Y, KUMAR A,LOU J Y,et al. New insights into the mechanism of NH_3-SCR over Cu- and Fe-zeolite catalyst: Apparent negative activation energy at high temperature and catalyst unit design consequences [J]. Applied Catalysis B: Environmental,2018,226: 565-574

表 2.4(续 3)

技术	发展现状	优点	可能存在的问题	文献
用于生物燃料和/或燃料柔性发动机的柴油混合物的定制排放控制系统	大多数生物柴油混合物都会导致 CO 和总未燃 HC 排放量显著减少。CO、NO_x 和总未燃 HC 的排放量也有所减少,而使用生物柴油与纳米添加剂混合燃料的柴油发动机的性能却有所提高	提高性能和燃油经济性		蔡开源,王巍,赵自庆,等.氨-生物燃料双燃料发动机的燃烧与排放特性[J].汽车工程,2024,46(04):626-633,681
开发低贵金属负荷的排放控制系统	在贵金属催化剂的基础上通过添加适量的非贵金属以降低贵金属用量,从而制备出贵金属-非贵金属复合型催化剂,提高催化剂的活性和稳定性,降低催化剂的成本	降低系统成本	耐用性较差	周灵怡.低贵金属含量催化剂的制备、表征及在 HC-SCR 反应中的应用[D].广州:华南理工大学,2024

2.6　柴油机尾气颗粒物后处理装置应用情况

2.6.1　国外柴油机尾气颗粒物后处理装置应用情况

1.美国应用情况介绍

美国的汽车排放法规体系是世界三大汽车排放法规体系之一,是世界上汽车排放控制指标种类最多、排放标准最严格的体系[88-89]。美国汽车产品的市场准入和在用运行,不仅受美国国家环境保护局制定的排放法规的管理,也受美国各州制定的排放法规的监督。特别是美国加利福尼亚州空气资源局(CARB)自 20 世纪 50 年代开始制定的汽车废气排放法规更为严格,除在本州执行以外,还被世界许多国家引用。

美国在 20 多个州使用超低硫柴油(含硫量为 0.005% 或 0.015%),且认证了多种后处理技术,又有联邦和各州的鼓励措施,为进行在用柴油车颗粒物排放治理提供了有利条件。

早在 2003 年,美国国家环境保护局就启动了公立校车改造计划项目,在哈特福德、波士顿等城市的 1 351 辆校车上安装了经过其认证的尾气后处理装置,所采用的技术为 DOC 和 DPF 技术,改造效果显著,颗粒物、HC 和 CO 排放量降低了 60%~90%。启动了马萨诸塞州运输车与客运车辆改造项目,在波士顿为 280 辆重型建筑机械和 685 辆客车安装了 DPF,均使用超低硫柴油,使这些车辆每年排放的 CO 减少了约 36 t,HC 减少了约 12 t,颗粒物减少了约 3 t。这些柴油车排放治理项目的实施,得益于国家和地方政府提供的各种经济激励手段,以及超低硫柴油和生物柴油的广泛使用。

2. 欧洲国家和日本应用情况介绍

欧洲的排放法规虽然没有美国严格,但是在在用柴油车排放改造方面也做了大量工作。在欧洲,DPF 已经成功安装于轿车、客车、货车以及各种工程机械车辆上。2002—2005 年,瑞士在 9 500 辆城市公交车及新车上安装了 DPF。在这些改造中,车辆均使用超低硫柴油。

日本是汽车生产大国,人口众多,而国土面积小,因此其对汽车尾气污染控制尤为重视。日本不仅制定了严格的汽车尾气排放法规,而且建立了汽车尾气后处理装置的认证制度。日本的机动车尾气排放标准体系由 1987—1989 年标准、短期标准(1994 年)、长期标准(1998 年)、新短期标准(2003 年)、新长期标准(2005 年)等几个阶段构成。在指标要求上与欧洲标准虽然有差异但基本上都会严于欧洲标准,特别是对 NO_x 指标的要求。同时在对在用车限制方面出台了“首都圈地域颗粒物排放不达标柴油车禁行条例”,明确了没有装载东京都或相关县批准的颗粒物过滤装置(氧化催化器等)的柴油车不得在首都圈范围内行驶。2002—2004 年,日本完成了东京都柴油车改造项目,为进入日本东京都和周围八县的几乎所有柴油车安装了颗粒物后处理装置。

在技术研究方面,欧洲的研究机构和企业进行了大量的工作,以提高催化剂的性能并降低贵金属的使用量。例如,通过使用非贵金属催化剂或开发新型材料,如金(Au)作为催化剂,来替代传统的铂族金属,以降低成本、提高效率。英国布鲁内尔大学提出的 DEECON 后处理系统,颗粒物、NO_x、SO_x 的转化效率可分别达到 95%、95% 和 90%。

日本 IBIDEN 公司开发了两款 DPF:捕集器与再生装置组成一体的 ZK 型,适用于叉车等工程车辆;盒式捕集器与 DPF 再生装置分开的 CT 型,适用于消防等紧急车辆。IBIDEN 公司采用的再生技术有两种,一种为电加热再生技术,另一种称为盒式构造的 DPF,能将捕集到的颗粒物储存在容器中,并定期更换。这种盒式构造的 DPF 由于维护保养不便,已经逐步被市场淘汰。由于单一再生技术各有优劣,存在应用局限性,目前综合应用多种再生手段实现 DPF 的再生,是 DPF 市场应用的发展方向。

2.6.2　国内柴油机尾气颗粒物后处理装置应用情况

1. 香港应用情况介绍

香港也实施了一系列以柴油车颗粒物减排为目标的举措,由政府出资进行了大量柴油车排放治理项目和尾气后处理装置的试验,选择适合的后处理技术进行推广。在排放治理项目实施过程中,政府承担了全部的费用以保证车主的最大利益,获得了企业和车主的支持。香港对参与排放治理的后处理产品有严格的要求,即可在含硫量为 0.2% 的柴油下使用的后处理装置对颗粒物的过滤效率应该大于 25%;只能在含硫量为 0.005% 柴油下使用的后处理装置对颗粒物的过滤效率应该不低于 35%。以上产品的可靠性应该保证在使用 25 万 km 后,过滤效率不低于初始最低限值。

香港环境保护署与世界上最大的汽车尾气后处理催化器生产商 Engelhard 合作,在公交车上安装了 DOC 等多种后处理装置作为试点,随后在 30 000 辆卡车上安装了颗粒物后处理装置,并且于 2000 年全面引入了超低硫柴油,为随后更先进的颗粒物后处理装置的应用创造了条件。

2002 年,香港与美国康宁公司合作,开始为在香港境内运行的欧Ⅰ前(1995 年前)柴油车加装颗粒物后处理装置,在 18 个月内对约 30 000 辆在用柴油车进行了改造。2003 年 7 月,双方又开始为需要经常进出香港的跨境车辆安装颗粒物后处理装置,在 18 个月内为约 8 000 辆欧Ⅰ前柴油车安装了颗粒物后处理装置。

香港遵循严格的排放标准,这些标准与欧洲的排放标准相似,对柴油车辆的排放水平有明确的限制。DPF 是香港柴油车辆广泛使用的尾气后处理技术,用于捕获和减少颗粒物排放。SCR 系统在香港也得到了应用,通过喷射尿素溶液来降低 NO_x 的排放。

2. 北京应用情况介绍

北京是中国内地机动车排放管理最为严格的城市,北京、上海等城市历次新机动车排放标准和燃油标准的实施都会提前于全国。北京对柴油车的限制尤为严格,至今柴油车仍不能在北京上牌照,但柴油车具有良好的燃油经济性、动力性、耐久性等优点,在北京开展柴油车的排放治理很有必要。而且 2010 年 1 月 1 日起,北京市已经供应含硫量不超过 0.005% 的车用燃油,这也为对燃油品质要求较高的先进后处理装置的应用创造了条件。

2005 年,北京市环境保护局(现北京市生态环境局)与美国国家环境保护局合作,由美国西南研究院参与实施了北京公交车颗粒物排放治理示范研究项目。治理项目选择了三类后处理装置:DOC、部分流式颗粒捕集器(PDPF)和壁流式颗粒捕集器(WF-DPF),这些产品都通过了美国国家环境保护局和美国加利福尼亚州空气资源局的认证。该项目通过采用美国国家环境保护局在柴油车污染控制方面的经验,对 25 辆原始排放达国Ⅰ或国Ⅱ要求的公交车进行了排放改造治理,并且通过发动机台架试验和车载排放测试对后处理装置的效率进行了检测。

2006 年,由北京市环境保护局立项,北京汽车研究所有限公司承担实施了北京市柴油车颗粒物排放治理可行性研究。改造技术包括 DOC、PDPF、WF-DPF(主动再生和被动再生)三类,以及一种电晕净化产品。试验车辆包括邮政车、环卫车和公务车,涵盖了北京市在用柴油车的主要车型,排量范围为 2.8~9.7 L。这些柴油车原车排放水平包括国Ⅰ阶段前、国Ⅰ阶段和国Ⅱ阶段,运行时使用含硫量为 0.003 5% 的柴油。通过台架性能测试、加载减速烟度测试和车载颗粒物治理浓度测试,考察了各后处理装置对颗粒物的过滤性能。

2007 年,由北京市政府出资,对 100 辆在用柴油车进行了颗粒物排放治理示范性研究。该研究通过政府招标,采购了 100 套在国际上得到认证或进行过可行性研究的后处理产品,包括 WF-DPF 和 PDPF。试验车辆包括公交车、邮政车、环卫车和商务车,这些车辆原车排放分别达到国Ⅰ、国Ⅱ和国Ⅲ排放标准的要求,公交车使用低硫柴油(含硫量为 0.005%)运行,其他车辆则使用含硫量为 0.003 5%的市售柴油运行。

参 考 文 献

[1]　CHAN T L, NING Z, WANG J S, et al. Gaseous and particle emission factors from the selected on-road petrol/gasoline, diesel, and liquefied petroleum gas vehicles[J]. Energy & Fuels, 2007, 21(5): 2710-2718.

[2]　WESTERHOLM R, EGEBÄCK K E. Exhaust emissions from light- and heavy-duty vehicles: Chemical composition, impact of exhaust after treatment, and fuel parameters [J]. Environmental Health Perspectives, 1994, 102(Suppl 4): 13-23.

[3]　JAYARAM V, AGRAWAL H, WELCH W A, et al. Real-time gaseous, PM and ultrafine particle emissions from a modern marine engine operating on biodiesel[J]. Environmental Science & Technology, 2011, 45(6): 2286-2292.

[4]　STEINER S, BISIG C, PETRI-FINK A, et al. Diesel exhaust: Current knowledge of adverse effects and underlying cellular mechanisms[J]. Archives of Toxicology, 2016, 90(7): 1541-1553.

[5]　HEEB N V, SCHMID P, KOHLER M, et al. Impact of low- and high-oxidation diesel particulate filters on genotoxic exhaust constituents [J]. Environmental Science & Technology, 2010, 44(3): 1078-1084.

[6]　胡毅.柴油车排气后处理装置评价方法的研究[D].长春:吉林大学, 2007.

[7]　VIEIRA DE SOUZA C, CORRÊA S M. Polycyclic aromatic hydrocarbon emissions in diesel exhaust using gas chromatography-mass spectrometry with programmed temperature vaporization and large volume injection[J].Atmospheric Environment, 2015, 103: 222-230.

[8]　HEEB N V, SCHMID P, KOHLER M, et al. Secondary effects of catalytic diesel particulate filters: Conversion of PAHs versus formation of nitro-PAHs[J]. Environmental Science & Technology, 2008, 42(10): 3773-3779.

[9]　ZIELINSKA B, SAGEBIEL J, ARNOTT W P, et al. Phase and size distribution of polycyclic aromatic hydrocarbons in diesel and gasoline vehicle emissions [J]. Environmental Science & Technology, 2004, 38(9): 2557-2567.

[10]　BURTSCHER H. Physical characterization of particulate emissions from diesel engines: A review[J]. Journal of Aerosol Science, 2005, 36(7): 896-932.

[11]　VAN SETTEN B A A L, MAKKEE M, MOULIJN J A. Science and technology of catalytic diesel particulate filters[J]. Catalysis Reviews, 2001, 43(4): 489-564.

[12]　唐炜.柴油机 SCR 系统转化效率及氨存储特性的试验研究[D].镇江:江苏大学, 2016.

[13]　HECK R M, FARRAUTO R J, GULATI S T. Catalytic air pollution control: Commercial

technology[J]. Platinum Metals Review, 2003, 5(95): N28.

[14] 王丹.柴油机微粒捕集器及其再生技术研究[D].长春:吉林大学,2013.

[15] 齐世彩.大气颗粒物 PM2.5 及其危害[J].房地产导刊,2015(4):266-266.

[16] 王庐云.柴油机尾气氧化催化(DOC)贵金属催化剂制备及其性能研究[D].杭州:浙江工业大学,2013.

[17] DURBIN T D, ZHU X, NORBECK J M. The effects of diesel particulate filters and a low-aromatic, low-sulfur diesel fuel on emissions for medium-duty diesel trucks[J]. Atmospheric Environment, 2003, 37(15): 2105-2116.

[18] 张德满.DOC 辅助 DPF 再生方法研究[D].南京:南京航空航天大学,2011.

[19] 王亚军.润滑油对柴油机颗粒物氧化反应性影响的实验研究[D].天津:天津大学,2020.

[20] CARBONE S, TIMONEN H J, ROSTEDT A, et al. Distinguishing fuel and lubricating oil combustion products in diesel engine exhaust particles [J]. Aerosol Science and Technology, 2019, 53(5): 594-607.

[21] HOTTA Y, INAYOSHI M, NAKAKITA K, et al. Achieving lower exhaust emissions and better performance in an HSDI diesel engine with multiple injection[C]//SAE Technical Paper Series. 400 Commonwealth Drive, Warrendale, PA, United States: SAE International, 2005.

[22] CHEN S K. Simultaneous reduction of NO_x and particulate emissions by using multiple injections in a small diesel engine[C]//SAE Technical Paper Series. 400 Commonwealth Drive, Warrendale, PA, United States: SAE International, 2000.

[23] ZHOU J H, CHEUNG C S, ZHAO W Z, et al. Impact of intake hydrogen enrichment on morphology, structure and oxidation reactivity of diesel particulate[J]. Applied Energy, 2015, 160: 442-455.

[24] 周龙保.内燃机学[M].北京:机械工业出版社,1999.

[25] 刘仪.柴油机全气缸取样系统开发及缸内微粒形成过程研究[D].长春:吉林工业大学,1990.

[26] MCGEEHAN J, YEH S, RUTHERFORD J, et al. Analysis of DPF incombustible materials from volvo trucks using DPF-SCR-URea with API CJ-4 and API CI-4 PLUS oils[J]. SAE International Journal of Fuels and Lubricants, 2009, 2(1): 762-780.

[27] EASTWOOD P. Particulate emissions from vehicles[M]. Chichester, England: John Wiley & Sons Ltd., 2007.

[28] FRIDELL E, STEEN E, PETERSON K. Primary particles in ship emissions[J]. Atmospheric Environment, 2008, 42(6): 1160-1168.

[29] DI NATALE F, CAROTENUTO C. Particulate matter in marine diesel engines exhausts: Emissions and control strategies[J]. Transportation Research Part D: Transport and Environment, 2015, 40: 166-191.

[30] ZETTERDAHL M, MOLDANOVÁ J, PEI X Y, et al. Impact of the 0.1% fuel sulfur

content limit in SECA on particle and gaseous emissions from marine vessels [J].
Atmospheric Environment, 2016, 145: 338-345.

[31] ANDERSON M, SALO K, HALLQUISTÅ M, et al. Characterization of particles from a marine engine operating at low loads[J]. Atmospheric Environment, 2015, 101: 65-71.

[32] MARICQ M M, CHASE R E, XU N, et al. The effects of the catalytic converter and fuel sulfur level on motor vehicle particulate matter emissions: Gasoline vehicles [J]. Environmental Science & Technology, 2002, 36(2): 276-282.

[33] COLLURA S, CHAOUI N, AZAMBRE B, et al. Influence of the soluble organic fraction on the thermal behaviour, texture and surface chemistry of diesel exhaust soot [J]. Carbon, 2005, 43(3): 605-613.

[34] MUSTAFI N N, RAINE R R, JAMES B. Characterization of exhaust particulates from a dual fuel engine by TGA, XPS, and Raman techniques [J]. Aerosol Science and Technology, 2010, 44(11): 954-963.

[35] LU T, CHEUNG C S, HUANG Z. Investigation on particulate emissions and particle volatility for a DI diesel engine fueled with three fuels [J]. Aerosol and Air Quality Research, 2012(4): 143-152.

[36] 吕田. 压燃式发动机颗粒物排放理化特性及其对大气环境的影响[D]. 上海: 上海交通大学, 2013.

[37] MOLDANOVÁ J, FRIDELL E, POPOVICHEVA O, et al. Characterisation of particulate matter and gaseous emissions from a large ship diesel engine [J]. Atmospheric Environment, 2009, 43(16): 2632-2641.

[38] AGRAWAL H, MALLOY Q G J, WELCH W A, et al. In-use gaseous and particulate matter emissions from a modern ocean going container vessel [J]. Atmospheric Environment, 2008, 42(21): 5504-5510.

[39] LU T, HUANG Z, CHEUNG C S, et al. Size distribution of EC, OC and particle-phase PAHs emissions from a diesel engine fueled with three fuels[J]. The Science of the Total Environment, 2012, 438: 33-41.

[40] MUELLER L, JAKOBI G, CZECH H, et al. Characteristics and temporal evolution of particulate emissions from a ship diesel engine[J]. Applied Energy, 2015, 155: 204-217.

[41] 李明阳, 季建新, 罗如新. 船用柴油机颗粒物排放特性研究进展[J]. 内燃机, 2016 (5): 1-5.

[42] 吕林, 许建华, 徐万毅. 柴油品质对船用柴油机颗粒与烟度排放的影响[J]. 内燃机工程, 2010, 31(4): 44-48.

[43] PETZOLD A, LAUER P, FRITSCHE U, et al. Operation of marine diesel engines on biogenic fuels: Modification of emissions and resulting climate effects[J]. Environmental Science & Technology, 2011, 45(24): 10394-10400.

[44] SIPPULA O, STENGEL B, SKLORZ M, et al. Particle emissions from a marine engine: Chemical composition and aromatic emission profiles under various operating conditions

[J]. Environmental Science & Technology, 2014, 48(19): 11721-11729.

[45] ZHANG F, CHEN Y J, TIAN C G, et al. Emission factors for gaseous and particulate pollutants from offshore diesel engine vessels in China[J]. Atmospheric Chemistry and Physics, 2016, 16(10): 6319-6334.

[46] 伏晴艳, 沈寅, 张健. 上海港船舶大气污染物排放清单研究[J]. 安全与环境学报, 2012, 12(5): 57-64.

[47] 张灿, 周志恩, 张丹, 等. 重庆港船舶尾气中颗粒物组分特征初探[C]// 中国环境科学学会. 中国环境科学学会学术年会论文集(2014). 成都:[s. n.], 2014: 4952-4958.

[48] KLEEMAN M J, SCHAUER J J, CASS G R. Size and composition distribution of fine particulate matter emitted from motor vehicles[J]. Environmental Science & Technology, 2000, 34(7): 1132-1142.

[49] ZIELINSKA B, SAGEBIEL J, ARNOTT W P, et al. Phase and size distribution of polycyclic aromatic hydrocarbons in diesel and gasoline vehicle emissions [J]. Environmental Science & Technology, 2004, 38(9): 2557-2567.

[50] 沈国锋. 室内固体燃料燃烧产生的碳颗粒物和多环芳烃的排放因子及影响因素 [D]. 北京: 北京大学, 2012.

[51] MURPHY S M, AGRAWAL H, SOROOSHIAN A, et al. Comprehensive simultaneous shipboard and airborne characterization of exhaust from a modern container ship at sea [J]. Environmental Science & Technology, 2009, 43(13): 4626-4640.

[52] AGRAWAL H, WELCH W A, MILLER J W, et al. Emission measurements from a crude oil tanker at sea [J]. Environmental Science & Technology, 2008, 42 (19): 7098-7103.

[53] COOPER D. Exhaust emissions from ships at berth[J]. Atmospheric Environment, 2003, 37(27): 3817-3830.

[54] WANG H L, ZHU B, SHEN L J, et al. Number size distribution of aerosols at Mt. Huang and Nanjing in the Yangtze River Delta, China: Effects of air masses and characteristics of new particle formation[J]. Atmospheric Research, 2014, 150: 42-56.

[55] WU B B, SHEN X B, CAO X Y, et al. Carbonaceous composition of PM2. 5 emitted from on-road China Ⅲ diesel trucks in Beijing, China[J]. Atmospheric Environment, 2015, 116: 216-224.

[56] 杨维, 赵文吉, 宫兆宁, 等. 北京城区可吸入颗粒物分布与呼吸系统疾病相关分析 [J]. 环境科学, 2013, 34(1): 237-243.

[57] LIU S T, LIAO C Y, KUO C Y, et al. The effects of PM2. 5 from Asian dust storms on emergency room visits for cardiovascular and respiratory diseases[J]. International Journal of Environmental Research and Public Health, 2017, 14(4): 428.

[58] COOKE R M, WILSON A M, TUOMISTO J T, et al. A probabilistic characterization of the relationship between fine particulate matter and mortality: Elicitation of European experts[J]. Environmental Science & Technology, 2007, 41(18): 6598-6605.

［59］　张余庆，崔文彬. 船舶柴油机 NO_x 排放控制技术现状与展望［J］. 航海技术，2006（1）：43-46.

［60］　黄加亮，李品芳，陈景锋. 船舶柴油机有害排放对大气环境的影响及其减轻措施［J］. 交通环保，1999（6）：20-24.

［61］　WANG X，WESTERDAHL D，WU Y，et al. On-road emission factor distributions of individual diesel vehicles in and around Beijing，China［J］. Atmospheric Environment，2011，45（2）：503-513.

［62］　HUO H，ZHANG Q，HE K B，et al. Vehicle-use intensity in China：Current status and future trend［J］. Energy Policy，2012，43：6-16.

［63］　VIANA M，HAMMINGH P，COLETTE A，et al. Impact of maritime transport emissions on coastal air quality in Europe［J］. Atmospheric Environment，2014，90：96-105.

［64］　田甜. 柴油机尾气颗粒分离器的研究［D］. 广州：华南理工大学，2012.

［65］　吕祥奎. 车用柴油机排放控制的研究现状及前景分析［J］. 内燃机与动力装置，2007，24（3）：34-38.

［66］　方平，陈雄波，唐子君，等. 船舶柴油机大气污染物排放特性及控制技术研究现状［J］. 化工进展，2017，36（3）：1067-1076.

［67］　DI NATALE F，CAROTENUTO C. Particulate matter in marine diesel engines exhausts：Emissions and control strategies［J］. Transportation Research Part D：Transport and Environment，2015，40：166-191.

［68］　王斌，陈红香. 船用柴油机尾气控制与净化措施研究［J］. 舰船科学技术，2016，38（1）：72-75.

［69］　黄恒. 基于两相流的大型柴油机尾气净化理论与方法研究［D］. 广州：华南理工大学，2020.

［70］　PRAVEENA V，MARTIN M L J. A review on various after treatment techniques to reduce NO_x emissions in a CI engine［J］. Journal of the Energy Institute，2018，91（5）：704-720.

［71］　何细鹏. 均质压燃（HCCI）燃烧技术的研究现状与展望［J］. 科技创新与应用，2016（8）：32-33.

［72］　SCHULER A，VOTSMEIER M，KIWIC P，et al. NH_3-SCR on Fe zeolite catalysts—From model setup to NH_3 dosing［J］. Chemical Engineering Journal，2009，154（1/2/3）：333-340.

［73］　张世鸿. 船舶柴油机的废气排放污染防控研究［J］. 时代农机，2016，43（12）：52.

［74］　刘洋，孙亮，白书战，等. DOC/POC/SCR 组合后处理技术在非电控柴油机排放上的应用研究［J］. 内燃机工程，2015，36（1）：18-22.

［75］　佟德辉. 降低车用柴油机 NO_x 排放的 SCR 技术控制策略研究［D］. 济南：山东大学，2009.

［76］　马志豪，任源，李磊，等. POC、DOC 对柴油机气体排放的影响［J］. 小型内燃机与摩托车，2013，42（2）：59-63.

［77］　GUO M Y，FU Z C，MA D G，et al. A short review of treatment methods of marine diesel engine exhaust gases［J］. Procedia Engineering，2015，121：938-943.

[78] 谭四周，戴君煜，章智勇，等.柴油机尾气中颗粒污染物防治技术[J].船舶标准化工程师，2015，48(5)：68-70.

[79] 庞海龙，邓成林，姚广涛，等.船用柴油机有害物排放控制技术[J].船舶工程，2011，33(1)：21-24.

[80] XU Z D, FURUGEN M, MAKINO T, et al. Development of diesel particulate filter for marine diesel engine—characteristics of PM collection in electrostatic-cyclone DPF[J]. Journal of the Japan Institute of Marine Engineering, 2009, 44(2)：304-309.

[81] 牟洁姝.柴油机颗粒捕集器再生控制系统仿真及控制策略设计[D].重庆：重庆大学，2016.

[82] 冯向宇.柴油机排气后处理系统应用的关键科学问题研究[D].北京：北京理工大学，2015.

[83] VAARASLAHTI K, RISTIMÄKI J, VIRTANEN A, et al. Effect of oxidation catalysts on diesel soot particles[J]. Environmental Science & Technology, 2006, 40(15)：4776-4781.

[84] 郭星萌.船用柴油机尾气后处理系统的优化设计[D].贵阳：贵州民族大学，2019.

[85] MITAL R, LI J, HUANG S C, et al. Diesel exhaust emissions control for light duty vehicles[C]//SAE Technical Paper Series. 400 Commonwealth Drive, Warrendale, PA, United States：SAE International, 2003：31-39.

[86] WAKAMOTO K, NISHIYAMA T. System evaluation of the HC de NO_x catalyst for industrial heavy-duty diesel engine[C]//SAE Technical Paper Series. 400 Commonwealth Drive, Warrendale, PA, United States：SAE International, 2003：65-72.

[87] MAUNULA T, LYLYKANGAS R, LIEVONEN A, et al. NO_x reduction by urea in the presence of NO_2 on metal substrated SCR catalysts for heavy-duty vehicles[C]//SAE Technical Paper Series. 400 Commonwealth Drive, Warrendale, PA, United States：SAE International, 2003：1438-1447.

[88] 陈熊.在用柴油车上颗粒物后处理装置应用研究[D].武汉：武汉理工大学，2012.

[89] 李勇.柴油机微粒后处理器性能与再生过程分析[D].长春：吉林大学，2009.

第3章　船舶柴油机尾气颗粒捕集器

3.1　柴油机尾气颗粒捕集器的组成与作用机理

3.1.1　柴油机尾气颗粒捕集器的组成

柴油机 DPF 作为颗粒物的后处理收集设备,长期以来一直不断被完善。它具有耐高温、不易变形、捕集效率较高等优点,是目前公认的最有效的颗粒物净化后处理装置。它的载体结构一般为蜂窝状或泡沫状,气流流过方式一般是壁流式(图 3.1),载体内部有很多过滤壁面和柱状结构的孔道,每个孔道都只有一端导通,另一端是封闭的,相邻孔道开口方向相反,孔道端口一般为正方形。孔道与孔道之间的部分是过滤壁,在气流通过时用于对气流中的颗粒物进行阻挡,而使气体成分能够通过,因而过滤壁起到了捕集的作用。气流在 DPF 入口处,按进气方向进入孔道后,流经过滤壁,气流中的颗粒物会被捕集掉,而气体成分则穿过壁面进入相邻孔道,然后按排气方向排出。

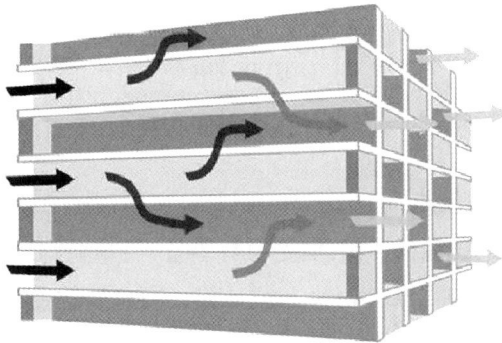

图 3.1　壁流式 DPF 结构示意图

在颗粒物被捕集的过程中,颗粒物会在孔道中堆积,在过滤壁面上形成层状结构,这些堆积的颗粒物会使 DPF 两端的压降增大,而 DPF 一般是安装在柴油机排气管之后的,DPF 两端压降增大必然导致柴油机的排气背压增大,过大的排气背压会对发动机的性能造成影响,所以需要采取一定的措施将这些堆积的颗粒物去除。对颗粒物进行去除的过程称为 DPF 的再生。

3.1.2 柴油机尾气颗粒捕集器的作用机理

根据捕集方式的不同,DPF 可以分为表面型 DPF 和体积型 DPF。表面型 DPF 的过滤体是通过多孔过滤表面对颗粒物进行拦截的,这种过滤体具有比表面积大、壁面较薄、捕集效率较高和排气阻力小的特点,但同时也存在耐冲击性和耐高温较差的缺点,当受到撞击或者在高温条件下工作时,过滤体容易受到损坏。体积型 DPF 的过滤体一般将颗粒物收集在过滤体的内部,它的结构较为简单,耐冲击性好,但是存在捕集效率和排气阻力无法兼顾的缺点[1]。

早在 20 世纪七八十年代,国内外就开始对 DPF 进行研究。DPF 对颗粒物的捕集主要有直接拦截、惯性碰撞和布朗扩散捕集三种方式[2-3],如图 3.2 所示。

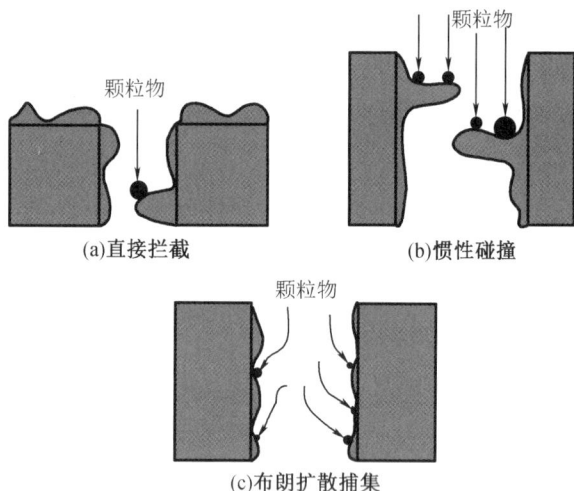

图 3.2 DPF 捕集方式

1.直接拦截

假设在捕集过程中,颗粒物有体积,但是没有质量,当颗粒物运动到与捕集单元表面的距离小于其自身半径的位置时,颗粒物将会被捕集。在过滤体使用初期,由于过滤体内部较为干净,过滤体孔径远远大于颗粒物的粒径,此时直接拦截机理的作用甚微,而随着使用时间的增加,过滤体的微孔会逐渐缩小,直接拦截作用将会越来越显著。

直接拦截的捕集效率表达式如下:

$$\eta_R = 1.5 g(\varepsilon_0)^3 \frac{N_R^2}{(1+N_R)^{\frac{3-2\varepsilon_0}{3\varepsilon_0}}} \quad (3.1)$$

式中　N_R——拦截系数,表示直接拦截作用的强弱[1],$N_R = \dfrac{d_p}{d_{c0}}$($d_p$ 表示颗粒物粒径,d_{c0} 表示微孔直径);

ε_0——过滤体的孔隙率。

2. 惯性碰撞

过滤体内部结构非常复杂,气流如果在运动方向上遇到阻碍,那么其流动方向将会发生变化。对于质量较小的颗粒物,由于惯性较弱,在气体组分的作用下运动方向会及时改变,而对于质量较大的颗粒物,运动方向并不能及时改变,因此会在惯性作用下与过滤体发生碰撞而被捕集。颗粒物的质量和速度越大,越容易发生惯性碰撞。

用斯托克斯数 Stk 来表示惯性碰撞机理的强弱[1]:

$$Stk = \frac{(\rho_p - \rho) d_p^2 U}{18\mu d_c} \tag{3.2}$$

式中　ρ_p——颗粒物密度;

　　　ρ——气体密度;

　　　U——气体流速;

　　　μ——气体的动力黏度。

3. 布朗扩散捕集

布朗运动在自然界中普遍存在,在发动机排气装置中也不例外。在布朗运动作用下,颗粒物的运动是随机的,当颗粒物运动到捕集单元附近时就会被捕集,此时捕集单元附近颗粒物的浓度将会降低,在过滤体内便形成了浓度梯度,高浓度处的颗粒物将会不断向捕集单元附近扩散,因此颗粒物将会不断被捕集。布朗运动的强弱与颗粒物的大小、流体的温度有关,颗粒物粒径越小,流体的温度越高,布朗运动就越剧烈,此时布朗扩散捕集就会越明显。

布朗扩散捕集效率为

$$\eta_D = 3.5 g(\xi) Pe^{-\frac{2}{3}} \tag{3.3}$$

$$g(\varepsilon_0) = \left[\frac{\varepsilon_0}{2 - \varepsilon_0 - 1.8(1-\varepsilon_0)^{\frac{1}{3}} - 0.2(1-\varepsilon_0)^2} \right]^{\frac{1}{3}} \tag{3.4}$$

贝克莱数 Pe 表示布朗扩散捕集的强弱[1]:

$$Pe = \frac{U d_{c0}}{D_p} \tag{3.5}$$

式中　D_p——扩散系数。

U 和 D_p 可以表示如下[1]:

$$U = \frac{\mu_w}{\varepsilon_0} \tag{3.6}$$

$$D_p = \frac{k_B T}{3\pi\mu d_p} SCF \tag{3.7}$$

式中　μ_w——壁面平均渗流速度;

k_B——玻尔兹曼常数，取 1.38×10^{-23} J/K；

T——温度，K；

SCF——斯托克斯·康宁汉姆滑移修正因子。

$$\mu = 8.32 \times 10^{-15} T^3 - 2.96 \times 10^{-11} T^2 + 6.24 \times 10^{-8} T + 2.31 \times 10^{-6} \qquad (3.8)$$

$$\mu_w = \frac{Q_V}{4NaL} \qquad (3.9)$$

$$N = \frac{\pi D^2 \sigma}{8} \qquad (3.10)$$

$$a = \sqrt{\frac{1}{\sigma}} - w_s \qquad (3.11)$$

式中 Q_V——排气体积流量；

L——孔道长度；

N——入口孔道数目；

a——孔道宽度；

σ——孔密度；

w_s——孔壁厚度。

$$SCF = 1 + Kn_p \left(1.257 + 0.4e^{-\frac{11}{Kn_p}}\right) \qquad (3.12)$$

$$Kn_p = \frac{2\lambda}{d_{c0}} \qquad (3.13)$$

$$\lambda = \frac{\gamma}{\rho_g} \sqrt{\frac{\pi M}{2RT}} \qquad (3.14)$$

式中 Kn_p——微粒的克努森数；

λ——气体平均自由行程；

M——气体的摩尔质量；

R——气体普适常数；

ρ_g——排气密度；

γ——排气黏度。

DPF 主要分为壁流式 DPF 和部分流式 DPF 两大类。壁流式 DPF 通常以堇青石/SiC 陶瓷作为载体材料，捕集效率高达 90% 以上，效率较高，但容易导致背压高；而在部分流式 DPF 结构中，常常会使用金属纤维烧结毡作为载体材料，因为在过滤体上存在通气小孔，所以有一部分气流未经过滤就直接排出，这种方式可以使得背压相对较小，但是这也导致过滤颗粒的效率相对壁流式 DPF 而言低了很多。

在 DPF 连续工作的情况下，载体上会淤积大量的颗粒物，在增加排气背压的同时，大大影响捕集器的效率，导致发动机内燃油燃烧不充分，使得燃油经济性降低。因此，必须及时清除淤积的颗粒物，DPF 的连续再生就显得尤为重要，这就是提升 DPF 技术的关键。

3.2　过滤体的材料选择

过滤体是 DPF 的核心,DPF 的捕集效率、压降、强度、传热传质性能、再生性能与过滤材料紧密相关,因此过滤体的材料选择对 DPF 非常重要,选择合适的过滤材料能够极大提高 DPF 的性能[1]。

柴油机尾气 DPF 的主要工作部分是滤芯,即过滤体,它是决定 DPF 的捕集效率、压力损失、工作可靠性、使用寿命、再生技术的使用和再生效果好坏的关键所在。柴油机在全负荷运行时排气温度可达 600~650 ℃,油机额定工况下运转时的排气温度在 250~500 ℃,在低负荷时最低排气温度在 100~200 ℃,碳烟颗粒燃点为 550~600 ℃,而在再生时颗粒物的燃烧所产生的温度可以达到 1 000 ℃以上。如此高的温度,很容易将过滤体烧损,这对过滤材料的耐高温性能是巨大的挑战。考虑到材料的寿命问题,最高的工作温度一般都控制在 1 000 ℃以下。温度过低,颗粒物不能起燃;温度过高,会造成材料烧熔或增加 DPF 的热应力以致产生破裂[4]。

国内外 DPF 过滤体材料的应用大概可分为三类——陶瓷基材料、金属基材料、复合基新型材料。金属基材料在导热性、韧性和强度等方面性能非常突出,与其他材料相比具有不可比拟的优势[5]。与其他过滤材料相比,陶瓷基材料应用最为广泛[6],该材料一般由碳化物和氧化物组成,高温条件下非常稳定,比表面积较大,因此非常适合工作在柴油机尾气这种高温环境中。陶瓷基材料主要包括堇青石、钛酸铝(Al_2TiO_5)、莫来石、碳化硅(SiC)、硅结合碳化硅(Si-SiC)等,而这些材料在 DPF 中一般又会被分为蜂窝陶瓷、陶瓷纤维毡和泡沫陶瓷三种结构。陶瓷基材料和金属基材料都有不可避免的缺陷,为了增强其性能,复合基新型材料也是目前应用较为广泛的一种材料。

目前研究较多的金属基材料是金属丝网与金属纤维毡,它们的结构如图 3.3 所示。金属丝网价格低廉,捕集的颗粒物沿壁面厚度方向均匀分布,捕集效率很高。金属纤维毡与陶瓷基材料相比,具有强度高、使用寿命长的优点,与金属丝网相比,具有捕集精度高、透气性好的优点,是一种非常受欢迎的 DPF 过滤材料。除了金属丝网和金属纤维毡外,泡沫合金也是一种常用的金属基材料,它是一种拥有三维网格结构的材料,具有较大的孔径和较薄的网格骨架,同时机械强度较高、生产成本较低。

按结构类型可将过滤体分为通流式过滤体和壁流式过滤体,后者发展比较完善,如图 3.4 所示。其综合性能好,捕集效率可达 90%以上,而且机械强度高、耐热性能好、渗透率高、结构稳定性好,同时兼备高的过滤效率和低的气流阻力,应用范围十分广泛。

壁流式 DPF 是将众多平行于轴向的细小孔道的出口端封堵,相邻的孔道入口端也进行封堵,使气体进入孔道之后必须经过多孔介质孔壁才能进入相邻的孔道,最后由出口端排出。这样能使废气中的碳烟颗粒物被吸附沉积在多孔介质结构的内部或者入口孔道壁面的表层,过滤后气流被排出过滤器。本书研究的是壁流式蜂窝结构的过滤体,下面就具体介绍壁流式过滤体的材料特性。

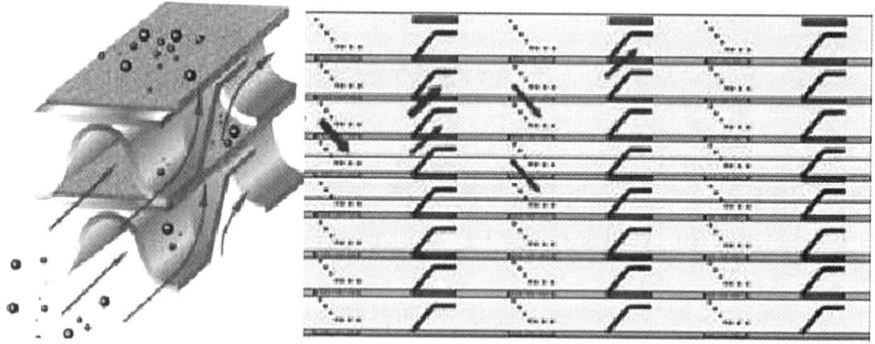

图 3.3　金属基材料结构示意图

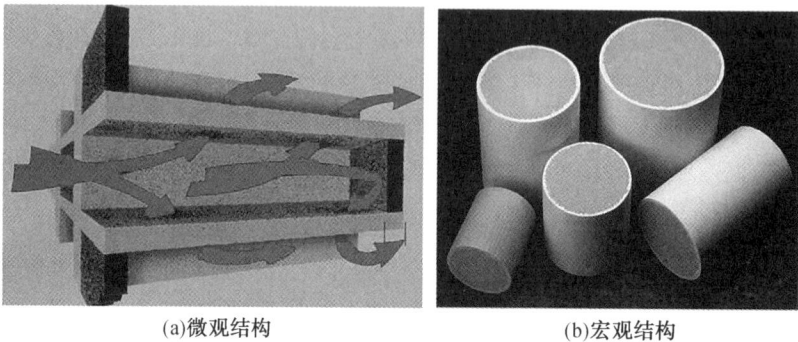

(a)微观结构　　　　　　　　　　(b)宏观结构

图 3.4　壁流式过滤体结构

3.2.1　堇青石

目前市面上应用最广泛的壁流式蜂窝陶瓷基过滤体的原材料就是堇青石,如图 3.5 所示,它是天然高岭土和滑石在空气中经约 1 250 ℃烧制而成的镁铝硅酸盐化合物,主要成分是 $2MgO \cdot 2Al_2O_3 \cdot 5SiO_2$。由于烧制成本低,热膨胀系数小,熔点高(为 1 450 ℃),这种具有较高的耐温性能的材料被大规模应用于 DPF 上。1978 年,康宁公司首次用堇青石作为原料开发出一种多孔介质的 DPF。随后经过多个公司的研究开发,其膨胀系数已经能优化到 $0.4×10^{-6}K^{-1}$,大大减少了再生热应力的问题。

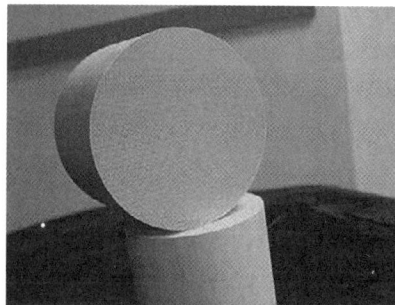

图 3.5　堇青石蜂窝陶瓷基过滤体

采用堇青石材料的过滤体经过多年发展,克服了许多缺陷,比如热斑点、孔隙结构、热容量和再生方式等。但它对含钠元素的化合物抗腐蚀能力有限,径向膨胀系数和轴向膨胀系数不一致导致热应力损伤和局部烧熔破裂,若在 1 250 ℃以上的高温下与碳烟接触,会产生一系列的化学反应,侵蚀材料。

3.2.2　碳化硅(SiC)

碳化硅过滤体是由碳化硅粉末等混合材料制成的,需要在保护气氩气中 2 200 ℃的温度环境下生产,与堇青石相比具有高导热系数、高机械强度、热稳定性、热应力承受能力和耐腐蚀碳烟负载等特点(表 3.1)。这种新型材料作为新一代尾气过滤载体,可承受温度高达 1 500 ℃,研究人员对碳化硅材料内部晶体的形状、大小和材料孔隙分布进行研究,并通过改变晶体结构和减小晶体颗粒的间隙提高碳化硅过滤体的耐热性。碳化硅中有两种分子晶体结构,分别是重结晶碳化硅(R-SiC)和硅结合碳化硅(Si-SiC)。

表 3.1　不同材料的碳烟负载率

材料	多孔碳化硅	钛酸铝	堇青石
最大碳烟负载率/(g/L)	10~15	6	4

1. 重结晶碳化硅

重结晶碳化硅是以高纯度碳化硅粉为原料,在氩气的保护下经过 2 400 ℃高温蒸发,凝结再结晶,晶体接触部位相互融合形成多孔隙高纯度的烧结体材料。相比于普通的碳化硅材料,重结晶碳化硅具有更好的耐热性和热导率,以及更高的抗高温疲劳性。碳化硅颗粒与颗粒之间融合处的结合点比较脆弱,容易断裂。为了解决这个问题,Ibiden 公司通过调整碳化硅结晶颗粒的大小比例以及结晶工艺参数,使得颗粒间结合点的结合范围最大增大至 350 倍,同时发现其抗震性大幅增加。随后经多个公司的研究发展,使得碳化硅结合强度大大增强,断裂韧度至少提高 1 倍,碳烟负载率极限达到了 15 g/L。重结晶碳化硅在作为过滤材料时,也存在热膨胀系数过高,导致在高温环境下过滤材料过度膨胀的问题,容易使 DPF 受到损坏。因此,在加工过程中,重结晶碳化硅材料的捕集器往往只能采用小块滤芯进行拼接,不能进行整体加工,因此给工业化生产带来了困难。

2. 硅结合碳化硅

2000 年,NGK 公司最早研制出硅结合碳化硅材料的捕集器过滤体。他们将碳化硅和非金属单质硅进行烧结反应,氧化条件下处理后表面生成约 50 nm 的 SiO_2 保护层,制成高纯度硅结合碳化硅。硅结合碳化硅有两个优点:一是降低了杨氏模量,提高了耐热冲击性;二是降低了烧结时所需温度,提高了稳定性,增加了孔隙率和孔径分布可调性。但是硅结合碳化硅也存在一些缺点:热稳定性和化学稳定性比碳化硅差;由于存在晶界问题,使得导热率低于重结晶碳化硅,热量传递不良;由于非金属单质硅在高温条件下易生成 SiO_2 薄膜,造成硅与碳化硅结合强度下降。

虽然经过多年的研究发展,NGK 公司利用调整硅和碳化硅混合比例参数来减少晶界的数目,研发新型烧结剂清除 SiO_2 薄膜等方法来增加导热系数和硅与碳化硅结合强度,但是还存在诸多问题,需要相关研究人员继续深入研究。

3.2.3 氮化硅

氮化硅是由非金属单质硅粉在高温条件下通过氮化反应烧结而成的。这种氮化硅过滤体具有较高的耐热冲击性和良好的抗震性能。它的热导系数与热膨胀系数在碳化硅和堇青石之间,耐腐蚀性明显高于堇青石,而且可制成整体过滤体结构,方便安装。但是氮化硅也有缺点:它的成品的气孔率不足 30%,渗透率在 $3.0 \ \mu m^2$ 以下。虽然日本旭硝子玻璃股份有限公司提出用混合造孔剂提高孔隙间的通透性,但还难以实现商用推广。

3.2.4 钛酸铝

钛酸铝载体的主要成分是 $Al_2O_3 \cdot TiO_2$,它具有较高的热稳定性和热应力承受能力,可承受高达 $1\ 500\ ℃$ 的温度。钛酸铝材料的 DPF 主要由固体钙锶、莫来石和 70% 的钛酸铝制造而成,具有高热冲击性能、抗震性能、抗腐蚀性能和热负载性能。钛酸铝材料的热膨胀系数只有碳化硅的 1/5,通常被制成整体结构。但钛酸铝材料存在机械强度不高的问题,容易产生裂纹,通常被制成非对称性蜂窝结构,以降低裂纹和背压。钛酸铝过滤体在洁净状态下的排气背压与碳化硅过滤体相差无几,但在 6 g/L 碳烟负载率时,它的排气背压比碳化硅低了 25% 左右。

钛酸铝虽然在高温条件下化学稳定性和热稳定较差,但是由于其具有耐高温、比表面积高的特点,使其在作为 DPF 过滤材料时受到欢迎。Corning 公司使用钛酸铝材料开发的 DPF 早在 2006 年就进入了市场,该产品在轻型车和重型车上都得到了广泛的应用。

3.2.5 莫来石

莫来石的晶体结构可以表示为 $Al_{4+2x} Si_{2-2x} O_{10-x}$,$x$ 取值在 $0.2 \sim 0.9$ 之间,莫来石中 Al_2O_3 的含量为 55% ~ 90%。当 x 取 0.25 时,莫来石的化学式为 $3Al_2O_3 \cdot 2SiO_2$,这是自然界中 Al_2O_3 与 SiO_2 二者体系唯一能够稳定存在的晶体形式。

在自然界中稳定存在的莫来石是一种具有链状结构的正交(斜方)晶系的晶体,它的晶胞参数如下:$a = 0.76$ nm,$b = 0.77$ nm,$c = 0.29$ nm[7]。莫来石的晶体结构与硅线石(Al_2SiO_5)非常相似,但是后者组成更加固定,结构更加简单,因此有很多研究者使用硅线石去解释莫来石的晶体结构。硅线石与莫来石都是由 $Al—O_6$ 的八面体结构组成,八面体之间的共棱组成单链,T_2O_5(T 为 Al^{3+}、Si^{2+})四面体结构的共角链组成双链,单链与双链均与 c 轴平行,两者之间通过顶角桥氧进行连接。硅线石与莫来石的结构差异在于前者中的铝和硅在 T_2O_5 四面体中是有序分布的,而后者中的铝与硅在 T_2O_5 中分布无明显规律,它们的晶体结构如图 3.6 所示。

莫来石是链状网络结构的晶体,而且存在氧空位,所以结构松散,在低温条件下机械性能较差。但是在高温条件下,莫来石非常稳定,热膨胀系数低,抗热震性和抗蠕变性都非常好,耐高温,耐腐蚀,因此经常被用于高温场合,如耐火材料、发动机排气装置、高温涂层材料等[7]。并且莫来石拥有很高的通透性,气孔率非常高,所以此类过滤体压降比较低,比表面积大,十分适合制成涂有催化剂表层的载体,提高再生性能。

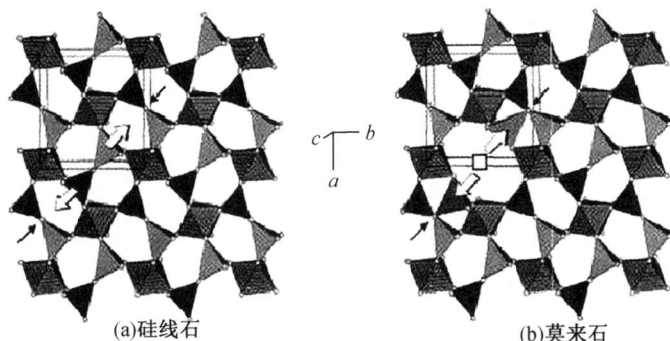

(a)硅线石　　　　　　　　　　(b)莫来石

图 3.6　硅线石与莫来石的晶体结构

综合分析各类材料参数(表 3.2)和考虑我国国情,本书选择堇青石材料为过滤载体材料,对壁流式蜂窝陶瓷基过滤体进行研究分析。

表 3.2　典型壁流式 DPF 过虑体材料参数

参数	堇青石	碳化硅	钛酸铝	莫来石	氮化硅
密度/(g/cm³)	2.1	3.1~3.2	3.3	2.9	1.8~2.7
导热率	1~3	90	1.5~3	4~5	2~155
热膨胀系数	0.9~2.5	4.7~5.2	−0.5~3	4.4	2.8~3.2
最高温度/℃	1 350	1 500	1 500	1 600	1 900
耐腐蚀性	差	好	差	差	好
市场价格	低	高	较低	较低	较高

3.3　颗粒捕集器过滤体模型

要对 DPF 进行仿真研究,首先要进行 DPF 结构特点与数学模型的研究,其中包括压降和捕集效率数学模型,建立准确的数学模型是建立仿真模型的关键所在。

3.3.1　颗粒捕集器压降数学模型

DPF 压降数学模型如图 3.7 所示,总压降 ΔP_{total} 主要由 6 部分组成:

$$\Delta P_{total} = \Delta P_1 + \Delta P_2 + \Delta P_3 + \Delta P_4 + \Delta P_5 + \Delta P_6 \tag{3.15}$$

式中　ΔP_{total}——DPF 总压降,kPa;

ΔP_1——入口引起的压力损失,kPa;

ΔP_2——进口通道内摩擦引起的压力损失,kPa;

ΔP_3——碳烟层的压力损失,kPa;

ΔP_4——微粒通过壁面引起的压力损失,kPa;

ΔP_5——出口通道内摩擦引起的压力损失,kPa;

ΔP_6——出口收缩引起的压力损失 kPa。

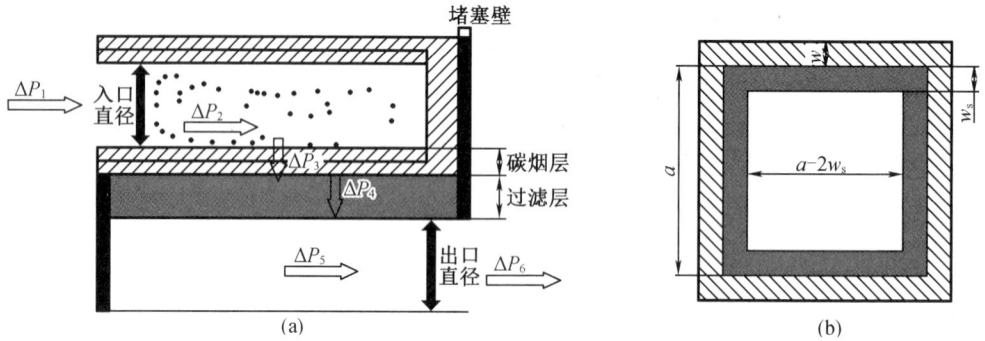

图 3.7 DPF 压降数学模型

$$\Delta P_1 = \frac{\xi_{\text{contration}}}{2} \cdot \rho_{\text{inlet}} \cdot U_{\text{inlet}}^2 \tag{3.16}$$

$$\Delta P_2 = \frac{\mu Q_V}{2V_{\text{trap}}} \cdot (a+w)^2 \cdot \frac{4FL^2}{3(a-2w_s)^4} \tag{3.17}$$

$$\Delta P_3 = \frac{\mu Q_V (a+w)^2}{L\pi D_f k_s} \ln \frac{a}{(a-2w)^4} \tag{3.18}$$

$$\Delta P_4 = \frac{\mu Q_V}{2V_{\text{trap}}} \cdot (a+w)^2 \cdot \frac{w}{k_p} \tag{3.19}$$

$$\Delta P_5 = \frac{\mu Q_V}{2V_{\text{trap}}} (a+w)^2 \cdot \frac{4FL^2}{3a^4} \tag{3.20}$$

$$\Delta P_6 = \frac{\xi_{\text{exp ansion}}}{2} \cdot \rho_{\text{outlet}} \cdot U_{\text{outlet}}^2 \tag{3.21}$$

式中 ξ——与过滤壁孔密度和雷诺数相关的常数,取值一般为 0.3~1.24;

ρ——尾气密度,kg/m^3;

U——气体流速,m/s;

μ——进气动力黏度,N·s/m^2;

Q_V——进入碳烟层时的体积流量,mm^3/s;

V_{trap}——过滤体体积,mm^3;

a——过滤体过滤孔道的入口宽度,mm;

w——壁面的厚度,mm;

F——常数因子,通常取 28.454;

L——过滤体长度,mm;

w_s——DPF 的碳烟层的厚度,mm;

D_f——过滤体直径,mm;

k_s——碳烟层渗透率,mm^2;

k_p——过滤体渗透率,mm^2。

3.3.2　颗粒捕集器捕集效率数学模型

如图 3.8 所示,将过滤体简化为球体,球体之间的空隙即为过滤体通道内部的孔隙部分[8]。

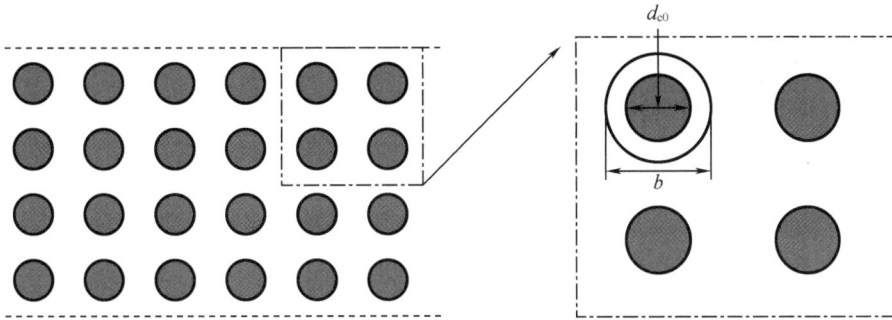

图 3.8　过滤体壁面结构

对于单个球体来说,其体积可以表示为

$$V_{trap} = \frac{4}{3}\pi R^3 = \frac{1}{6}\pi d_{c0}^3 \tag{3.22}$$

式中　d_{c0}——理想化后的过滤体结构平均直径,mm。

单位体积过滤体的球数为

$$N = \frac{1-\varepsilon_0}{\frac{1}{6}\pi d_{c0}^3} = \frac{6(1-\varepsilon_0)}{\pi d_{c0}^3} \tag{3.23}$$

单个球体表面积为 $\pi(d_{c0})^2$,总面积表达式为

$$S = \frac{6(1-\varepsilon_0)}{\pi d_{c0}^3} \cdot \frac{1}{4}\pi R^2 = \frac{6(1-\varepsilon_0)}{d_{c0}} \tag{3.24}$$

微孔平均直径与球体直径的关系为

$$d_{pore} = \frac{2}{3} \cdot \frac{\varepsilon_0}{1-\varepsilon_0} d_{c0} \tag{3.25}$$

孔隙率与过滤体的平均直径(捕集一定量微粒后)有直接关系,可用式(3.26)表示:

$$b^3 = \frac{4}{3}\pi R^3 \frac{2}{1-\varepsilon_0} = d_{c0}^3 \frac{\pi}{3(1-\varepsilon_0)} \tag{3.26}$$

式中　b——捕集微粒后的过滤体结构平均直径,mm。

壁流式 DPF 捕集微粒的核心部分是过滤体内部的壁面,它主要由孔隙率在 0.4~0.6 之间的多孔介质构成。该过滤壁面在捕集微粒的过程中的捕集方式主要是布朗扩散、直接拦截两种。两者综合捕集效率为

$$\eta_{DR} = \eta_D + \eta_R - \eta_D \cdot \eta_R \qquad\qquad (3.27)$$

3.4 颗粒捕集器结构参数对捕集效率的影响

柴油机 DPF 的结构参数主要包含微孔直径、壁厚、孔隙率、过滤体长度、通道密度等,这些参数选取不同值时会对柴油机 DPF 的捕集效率产生不同的影响。DPF 的压力损失表示了阻碍流体流动的程度,压力损失的增加导致柴油机排气背压的升高。下面利用 GT-Power 软件采用单一变量法对 DPF 结构参数进行仿真分析,研究 DPF 结构参数对捕集效率的影响。

3.4.1 微孔直径

微孔直径指 DPF 过滤材料的过滤层细小微孔平均直径,它是 DPF 重要的结构参数之一。本书分别选取 0.01 mm、0.012 5 mm、0.015 mm、0.017 5 mm、0.02 mm 微孔直径的加载过程,对 DPF 进行仿真,结果如图 3.9 所示。

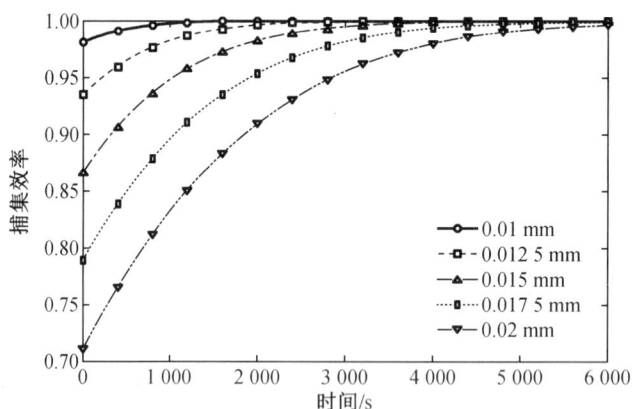

图 3.9 微孔直径对 DPF 捕集效率的影响

由图 3.9 可以看出,当过滤体微孔直径增大后,DPF 初始捕集效率随之降低。当微孔直径从 0.01 mm 增加到 0.02 mm 时,初始捕集效率从 98.11% 下降到 71.22%,这是由于微孔直径增大导致捕集效率降低,从而使初始捕集效率下降,在 6 000 s 时(在 6 000 s 时捕集效率已十分接近 100%,因此不再显示 6 000~12 000 s 之间的图像),捕集效率达到 99% 以上,曲线重合,壁面内的孔隙被微粒堵塞。

微孔直径的改变在很大程度上影响捕集效率,但这并不能说明微孔直径越小越好,较小的直径同样会加大材料的选择和制造难度,因此我们将此 DPF 装置改进后的微孔直径确定为 0.015 mm。

3.4.2 壁厚

过滤体壁厚是指 DPF 内部孔道之间过滤层的厚度,本书分别选取了壁厚为 0.20 mm、0.24 mm、0.28 mm、0.32 mm、0.36 mm 时的加载过程,对 DPF 的压降、捕集效率、壁面捕集质量的影响结果如图 3.10 所示。

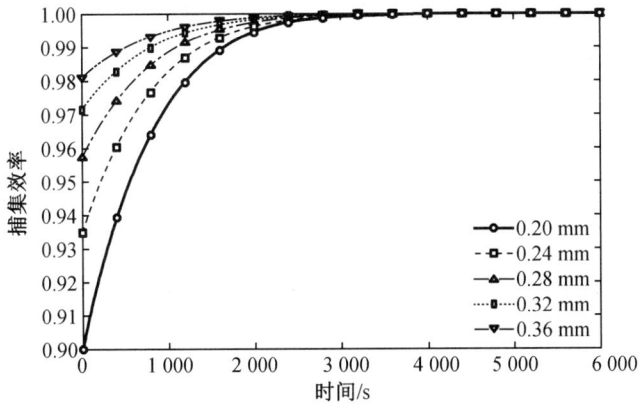

图 3.10　壁厚对 DPF 捕集效率的影响

　　由图 3.10 可知,当壁厚为 0.20 mm 时,初始捕集效率为90%,当壁厚增加至 0.36 mm 时,初始捕集效率为98.09%,初始捕集效率随着过滤体壁厚的增大不断增大,这主要是由于壁厚增大导致微粒在过滤体内部停留时间延长,微粒被捕集的效率也增大。

　　过滤体壁厚的选取需要在一定的范围内,过滤体壁厚小于 0.20 mm 时,初始捕集效率只有90%;当壁厚达到 0.32 mm 时,初始捕集效率为97.16%;当壁厚为 0.36 mm 时,初始捕集效率达到98.09%,已经很接近100%,再增加壁厚捕集效率也不会有很大的提升。考虑压降对柴油机性能的影响,壁厚取 0.28 mm 最为合适。

3.4.3　过滤体长度

　　过滤体长度是指 DPF 入口与出口之间的距离,过滤体长度将影响捕集效率和压力损失。本书分别选取 250 mm、280 mm、310 mm、340 mm、370 mm 过滤体长度的加载过程,对 DPF 的压降、捕集效率和壁面捕集质量的影响结果如图 3.11 所示。

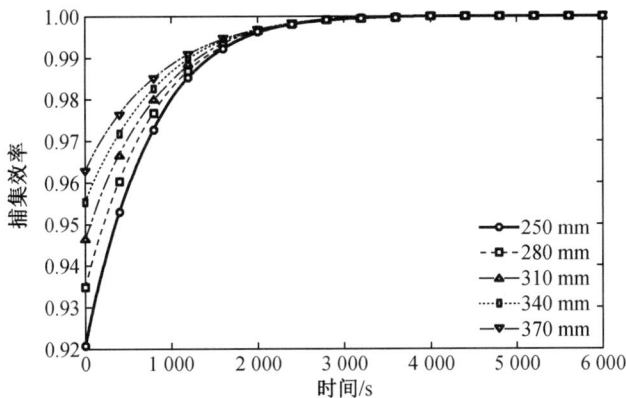

图 3.11　过滤体长度对 DPF 捕集效率的影响

　　由图 3.11 可知,初始的捕集效率由92.08%上升至96.26%。在 3 000 s 以后,不同过滤体长度对应的捕集效率已经重合,达到99%以上且不再增长。过滤体内颗粒物质量也基本达到饱和且不再增加,过滤体内的微粒发生堵塞现象,使捕集效率接近100%。

过滤体长度的增加不仅能降低压降,还能增加初始捕集效率。理论上过滤体长度越长对柴油机性能越有利,但考虑到 DPF 应用的船舶机舱空间有限,因此宜选用过滤体长度为 310 mm。

3.4.4 孔隙率

孔隙率是指 DPF 过滤体内部孔隙体积占总体积的百分率,本书分别选取孔隙率 0.45、0.48、0.51、0.54、0.57 五种情况的加载过程,对 DPF 的压降、捕集效率和壁面捕集质量的影响结果如图 3.12 所示。

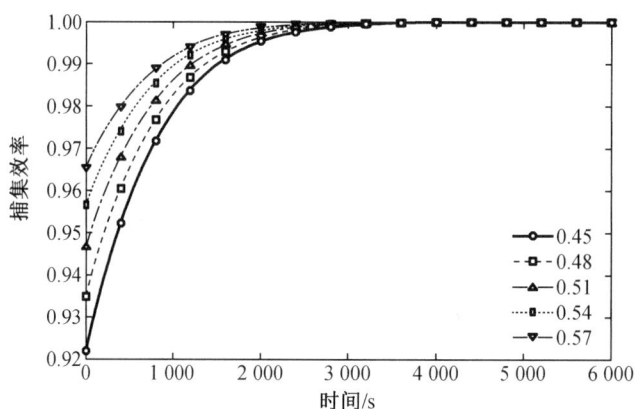

图 3.12　孔隙率对 DPF 捕集效率的影响

由图 3.12 可知,随着孔隙率的增加,过滤体初始捕集效率不断提高,当孔隙率由 0.45 增加到 0.57 时,初始捕集效率由 92.19% 提升到 96.52%,其原因是孔隙率提高后,多孔介质的表面积也随之增大,微粒被捕集到的概率自然会增加。在 3 000 s 时过滤体内壁间隙被微粒全部堵满,捕集效率达到 99% 以上。考虑压降对柴油机性能的影响,孔隙率取 0.45 最为合适。

3.4.5 通道密度

通道密度是指 DPF 单位横截面积上的通道数目,本书选取通道密度[①]为 50、75、100、125、150 五种情况的加载过程,对 DPF 的压降、捕集效率和壁面捕集质量的影响结果如图 3.13 所示。

---

① 这里的通道密度为每平方英寸的通道数。

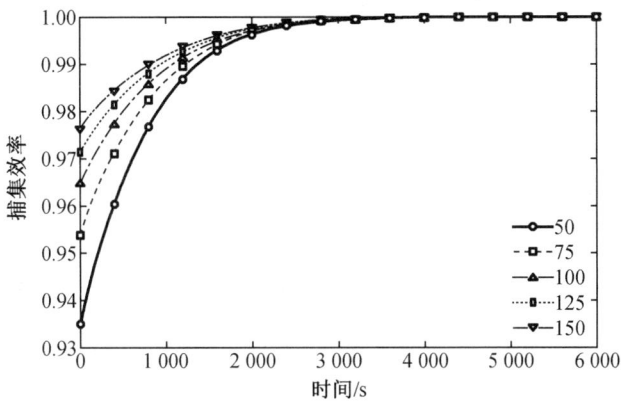

图 3.13　通道密度对 DPF 捕集效率的影响

由图 3.13 可以看出,通道密度由 50 增加到 150 时,初始捕集效率由 93.5% 上升到 97.6%,初始捕集效率都较高,达到最大捕集效率的时间也大致相同。随着通道密度的增加,初始捕集效率呈现小幅上升的趋势,这主要是因为单位面积内通道的数目增多,过滤体的有效面积增大,捕集效率提高。

可选取较大的通道密度来增加捕集效率和减少压降,通道密度取 100 及以上较为合适。

综上考虑,通过 DPF 结构参数对 DPF 捕集效率的影响分析,得出 DPF 优化方案如表 3.3 所示。

表 3.3　优化参数表

微孔直径	壁厚	过滤体长度	孔隙率	通道密度
0.015 mm	0.28 mm	310 mm	0.45	≥100

参 考 文 献

[1]　郭瑞华.柴油机微粒捕集器再生控制系统研究[D].成都:西南交通大学,2016.

[2]　DOBBINS R A, FLETCHER R A, BENNER B A Jr, et al. Polycyclic aromatic hydrocarbons in flames, in diesel fuels, and in diesel emissions[J]. Combustion and Flame, 2006, 144(4): 773-781.

[3]　宋崇林,王海,李万众,等.柴油机多环芳香烃排放规律的研究[J].汽车技术,2000 (4):11-13.

[4]　余昳.连续再生式柴油机颗粒捕集器的仿真与试验研究[D].合肥:合肥工业大学,2016.

[5]　龚金科,赖天贵,刘孟祥,等.柴油机微粒捕集器过滤材料与再生方法分析及研究

［J］. 内燃机, 2004(3): 1-4.

［6］ ADLER J. Ceramic diesel particulate filters［J］. International Journal of Applied Ceramic Technology, 2005, 2(6): 429-439.

［7］ 李秋玲. 超细莫来石粉体制备及其在钛酸铝复合陶瓷中的应用研究［D］. 广州: 华南理工大学, 2018.

［8］ TSUNEYOSHI K, YAMAMOTO K. Experimental study of hexagonal and square diesel particulate filters under controlled and uncontrolled catalyzed regeneration［J］. Energy, 2013, 60(1): 325-332.

第4章 船舶柴油机尾气颗粒物处理再生技术

空气中的颗粒物对环境和人类健康都有影响。超细纳米颗粒可以进入人的肺部,而且很难去除。因此,车辆必须使用柴油机 DPF,以使尾气符合排放限制要求。DPF 本质上是一个壁流过滤器,具有交替堵塞的平行通道,废气被迫通过多孔的内部过滤壁。在过去的几年里,越来越多的人致力于优化微粒模型,以精确地预测 DPF 微粒加载与再生。对这些现象的深入研究会显著改善 DPF 运行模式,同时也会改善其主动再生过程中的额外燃油消耗[1]。

DPF 自身结构只能收集颗粒物而不能清除颗粒物,倘若无法及时清除颗粒物,那么排气阻力就会随之增加,DPF 中收集的碳颗粒越来越多,过载的颗粒物会对气流造成阻塞,并最终导致过滤器上产生过高的废气压降,慢慢地就会导致排气背压升高,最终使过滤器本身堵塞并影响发动机的动力[2]。所以,必须找到从 DPF 系统过滤器中清除累积颗粒物的可靠方法,以恢复其烟灰收集能力并确保发动机无故障运行。以焚烧烟灰形式进行的过滤器再生可以在过滤器的常规操作期间连续进行,或者在已经累积了预设量的颗粒物之后周期性地进行。

DPF 净化尾气中颗粒物的基本过程是利用过滤介质将尾气中颗粒物分离并沉积的过程。根据过滤介质孔隙大小的差异,气固分离的机理可分为表面过滤和深床过滤。表面过滤的特点是采用微孔直径小于尾气中颗粒物粒径的过滤介质,使尾气中的颗粒物分离,当尾气通过过滤介质时,其中的颗粒物被截留在过滤介质的一侧。过滤介质的微孔直径大于尾气中颗粒物的粒径,尾气通过过滤介质时,其中的颗粒物不易被过滤介质截留,但伴随过滤介质厚度的增加,尾气中颗粒物被截留在过滤介质内部微孔中的数量同时增加,对颗粒物同样有过滤的作用。通常规定把采用一定厚度过滤介质的分离方式叫作深床过滤。深床过滤方式中颗粒物被捕集的方式有过滤介质对颗粒物的拦截、颗粒物的惯性冲击、布朗扩散、颗粒物与过滤介质之间静电的吸引等。通常情况下,拦截、惯性冲击和布朗扩散的捕集效率较高,静电吸引的捕集效率较低,可以忽略。由于多孔介质的结构形式和壁面微孔平均直径大小不同,且内燃机尾气颗粒物粒径分布范围极广,因此 DPF 对颗粒物的过滤方式一般不能采用单一的方式[3]。目前,市场上流通的 DPF 主要是壁流式 DPF,它类似于网袋结构,实际过滤方式既有表面过滤,也有深床过滤,捕集效率可达 90% 以上[4]。

柴油机 DPF 能够高效去除发动机尾气中的非常微小的颗粒物,是世界上目前公认的能够有效去除柴油机尾气中颗粒物的技术手段之一,对颗粒物的捕集效率高达 95% 以上[5]。壁流式 DPF 工作时发动机尾气从轴向 DPF 入口流入,沿出口孔道流出,在此过程中多孔壁

面上发生了颗粒物的沉积。采用不同材料和结构的柴油机 DPF 捕集微粒的方式大致相同,主要有以下几种:

(1)惯性碰撞:发动机尾气流经 DPF 时,气体分子运动方向发生改变,而颗粒物由于惯性作用没有改变运动方向,仍沿着原来的方向继续运动,一部分颗粒物就会碰撞到 DPF 壁面而被捕集。

(2)直接拦截:发动机尾气流经 DPF 时,颗粒物粒径大于尾气流出 DPF 微孔直径,则颗粒物被拦截。

(3)布朗扩散:发动机尾气流经 DPF 时,各向气体分子撞击颗粒物,使颗粒物做无规则的布朗运动。颗粒物分布出现浓度差,导致其进行扩散输运,最终被 DPF 捕集。

(4)重力沉积:发动机尾气流经 DPF 时,颗粒物由于自身所受重力而沉积到 DPF 壁面。

利用较高的排气温度来烧掉 DPF 过滤体收集的颗粒物,恢复 DPF 的过滤功能的过程叫作 DPF 的再生。再生后的过滤体又可以保持通畅,不会影响发动机性能。但再生只能处理碳烟,不能处理灰分。根据再生系统工作原理的不同可将其分为主动再生、被动再生和复合再生[6]。

4.1 主动再生技术

4.1.1 主动再生的原理

主动再生系统工作原理是通过外环境增加能量提高气流温度,使温度达到颗粒物的起燃温度(500~600 ℃),从而引起颗粒物燃烧。截至目前再生控制方法有很多,其中最为普遍的一种方法是利用背压控制再生,从根本上讲,就是判断 DPF 内的颗粒物量是否满足再生要求。主动再生虽然效率高,但相对比较复杂,运行成本也相对较高。

具体过程是,利用外加能量提高 DPF 过滤体温度,燃烧去除颗粒物。当 DPF 中的温度达到550 ℃时,沉积的颗粒物就会发生氧化燃烧。如果温度达不到550 ℃,沉积的颗粒物就会堵塞 DPF,降低 DPF 捕集效率。因此,需要添加电加热器或燃料喷射等热管理措施来提高系统温度,使颗粒物继续发生氧化燃烧,从而消除 DPF 内部的积炭。

4.1.2 主动再生的分类

目前市面上使用的再生系统主要有喷油助燃再生、微波加热再生、红外加热再生、电加热再生、逆向喷气再生、机械振动再生、重负荷再生、燃料喷射再生、反吹再生等方式[7]。

1.喷油助燃再生[8]

喷油助燃再生是将燃油或燃气喷入排气管道,燃油或燃气在管道中遇氧气发生燃烧,从而提高温度,当温度达到颗粒物的着火点时,颗粒物就会燃烧。喷油助燃再生技术通常需要 DPF 与 DOC 配合使用,并且需要将 DOC 放置在 DPF 的上游,在 DOC 的上游放置喷嘴。这种做法一方面通过 DOC 的处理,将尾气中的 HC 和 CO 氧化,减少 HC 和 CO 的排放;

另一方面 HC 和 CO 氧化也能产生更多的热量,提高尾气的温度。

喷油助燃再生主要分为缸内燃油后喷再生(PI)、催化氧化器入口二次燃油喷射(SFI)和燃烧器喷油助燃再生技术。PI 技术是利用柴油机高压共轨燃油喷射系统在发动机做功冲程后期进行后喷。此时,缸内的温度较低,燃油不能燃烧,但可通过裂解反应形成低碳链的 HC。当这部分未燃的 HC 进入 DOC 后,经过剧烈氧化反应放出大量的热,从而使 DPF 前端达到其再生温度。该技术的优点是不需要添加额外的喷油设备。SFI 技术的原理是:在 DOC 上游喷射燃油,利用燃油在 DOC 内氧化放热以提高 DPF 入口端的温度,从而实现 DPF 再生。燃油在 DOC 内的氧化放热除了受 DOC 本身性能的影响外,还要考虑 SFI 系统的多个因素的影响,如喷油器的燃油喷雾特性、喷油压力、温度以及喷油时间等。这种再生方式主要用于重型柴油机,能够延长发动机的使用寿命,便于控制,但燃油消耗量较高,设备成本增加,同时会缩短 DOC 的使用寿命。喷油助燃再生技术需在 DPF 上游安装一个燃料燃烧器,当电子控制器(ECU)发出再生信号时,燃料燃烧器向 DPF 载体前端喷射一定量的燃油,同时供给空气,随后利用点火系统将喷入的燃油点燃,提高 DPF 前端温度,使其达到 DPF 的再生温度,从而实现 DPF 的有效再生。

喷油助燃的再生方式不受燃油含硫量的影响,但是这种再生方式控制难度大,并且喷射助燃的燃油可能反应不完全,生成污染物进入大气二次污染环境。并且这种再生方式很难控制喷油燃烧所产生的温度,而且精度无法保证。如果喷油量较少,则产生的热量不足,不利于再生过程;若喷油量过多,则可能导致 DPF 过滤体温度过高进而烧融损坏。该技术的优点是可以在发动机任一工况下进行再生;其缺点是需要安装额外的装置,成本昂贵且占据一定的空间,同时增加了燃油消耗。

2. 微波加热再生

微波加热再生是利用磁控管发射微波,然后利用轴向波导管将这些微波传递到过滤体中,通过微波对颗粒物进行加热,使颗粒物燃烧的一种技术。这种再生方式取得的再生效果与过滤体使用的材料有很大的关系,如果过滤体材料能够吸收很多微波,那么真正用来加热的能量便会变少,反之,如果材料通透性非常好,那么再生效果将会非常理想。

微波加热再生利用微波在陶瓷过滤体中具有选择加热的特性,仅加热颗粒物而不加热陶瓷滤芯。但微波加热再生的电源复杂,对电网负荷大,再生过程中控制系统复杂,不适用于船舶。

3. 红外加热再生

红外加热再生将能够辐射红外线的涂料涂覆在过滤体表面,采取一定的方式对涂层进行加热,涂层被加热后向 DPF 内的颗粒物辐射红外线,利用红外线实现对颗粒物的加热,加热到起燃温度后,颗粒物就会燃烧。这种再生方式的优点是结构简单,但是热效率低,加热速度较慢,且由于红外辐射衰减,滤芯内颗粒物再生不同步,容易导致过滤体损坏。

4. 电加热再生

电加热再生使用电能对排气管道中的气体进行加热,气体温度达到颗粒物的着火点后,颗粒物就会燃烧。具体操作是将电阻丝置于 DPF 前端,通电使其产生热能,然后对附近的颗粒物进行加热,到达起燃温度后附近的颗粒物就会燃烧,放出热量,又对附近的颗粒物加热,这样不断传递下去。这种再生方式结构简单、容易控制加热强度,但是对电能的消耗较大、稳定性不高。

电加热再生是利用电阻丝加热滤芯中的颗粒物,使其达到燃点再生的。该再生方式所需功率大,对电源负荷大。加热过程中滤芯受热不均匀,易造成滤芯热损毁。电加热再生技术主要有两种结构形式,一种是把螺旋形电阻丝布置在 DPF 的进气孔道中,但蜂窝陶瓷过滤体的孔道数量较多,结构复杂,布置电阻丝时加工难度较大。另一种是将电阻丝设计成回形结构,布置在 DPF 各进气孔道的入口段,通过回形电阻丝加热直接点燃捕集在 DPF 前端的颗粒物,随后发动机排气使得火焰向 DPF 尾部传播,直至将捕集在 DPF 通道内的所有颗粒物燃烧完毕,实现 DPF 再生。

电加热再生是一种简单和便利的再生方式,它可以实现在发动机任何运行工况范围内对整体式陶瓷 DPF 的再生。电加热再生的主要问题是消耗的电能成本比较高,并会对发动机排气的气体组分、湿度等造成影响,导致对系统的热腐蚀。采用燃烧器实现主动再生的 DPF 系统,通常包括一个低压燃油喷射系统,喷射器常安装在 DPF 的上游,在喷射器邻近有一个点火器,用于将喷射到排气管的燃油点燃。

5. 逆向喷气再生

逆向喷气再生也被称为反吹再生,该技术采用物理变化的方式实现再生,利用逆向气流的动能,使粘附在过滤体表面的颗粒物脱落。在再生过程中,再生系统将空气压缩,然后从 DPF 出口逆向吹入 DPF 内部,此时附着在 DPF 内部壁面上的颗粒物会被压缩空气携带到专门的收集器中,最后向收集器中通入空气或氧气,加热使颗粒物燃烧清除,完成再生。该方式最大的优点是颗粒物的燃烧是在收集器中完成的,能够避免在过滤体内产生过高的温度而造成过滤体烧融、开裂的问题,但是也存在压力过大,造成过滤体机械损坏、耗电量较大、颗粒收集不完全等问题。

逆向喷气再生利用压缩空气将壁面上的颗粒物与壁面逆向分离,然后将分离的颗粒物收集再生。其再生过程不在滤芯上进行,保证了滤芯的使用寿命,但该再生系统需要高效喷气气路和高压气源,结构较复杂,系统庞大,不适合在船舶狭小的机舱内使用。

6. 机械振动再生

机械振动再生主要是针对一些非脆性材料(如金属纤维毡、耐高温的滤布等)制成的 DPF 的一种再生方式,其基本原理是利用机械振动使过滤体上附着的颗粒物掉落下来。目前这种方式在柴油机上应用并不多。

7. 重负荷再生

重负荷再生是利用柴油机在高速重负荷运行条件下产生高温排气温度来燃烧颗粒物,实现 DPF 再生的技术。这种再生方式受柴油机工况影响,再生效果不佳。重负荷工况运行时柴油机活塞、缸盖等热负荷很高,缩短了柴油机的使用寿命。

8. 燃料喷射再生

燃料喷射再生是在 DPF 的入口附近喷射燃油(或燃气)形成混合气并点燃,利用高温燃气将沉积在滤芯上的颗粒物引燃实现再生的技术。该方式需精确控制再生时间,再生过程难控制,并且容易造成二次污染。

4.2　被动再生技术

4.2.1　被动再生的原理

被动再生不依靠外界提供能量,是一种完全利用自身的能量使颗粒物燃烧的方法。目前,主要依靠化学催化剂等方式降低碳烟氧化活化能,使颗粒物能在柴油机正常的工况下实现燃烧,从而达到再生的目的。被动再生实现主要有两种途径,第一种是在过滤体表面涂抹催化剂;第二种是在燃油中加入催化剂。

被动再生利用燃油添加剂或者催化剂等措施来降低颗粒物氧化所需的活化能,使颗粒物能在正常的柴油机排气温度下燃烧,以达到去除颗粒物的目的。被动再生主要包括在燃油中掺杂特殊添加剂,降低再生启动需要的最低燃烧温度或者通过氧化催化器的方式生成 NO_2,通过 NO_2 和碳烟反应完成再生。催化剂通常可以用来帮助 DPF 降低碳烟燃烧的点燃温度,从而降低燃烧需要的排气管温度,节约能耗。使用的催化剂主要有 3 种:燃油添加剂型催化剂(FBC)、集成型催化剂、氧化碳烟过滤型催化剂(CSF)。FBC 通常采用过渡金属或贵金属及合金充分地降低碳烟燃烧的温度,包括 Cu、Fe、Sr、Ce、Pt 等。研究表明,采用上述添加剂,可以将 DPF 再生燃烧碳烟的温度最低降到 350 ℃,如果温度更低,再生过程的发生将是随机和不完全的。通常由于被动再生方式不可控,使得再生过程不确定,背压过度升高,DPF 的碳烟负载率增加,可能会在再生过程中产生高温从而损坏 DPF,因此这种再生方式使用率并不高。

添加剂的用量对排气系统具有一定程度的影响,若添加剂过多,会影响 DOC 的使用寿命;但如果过少,则会引发再生延迟及再生温度升高。与主动再生相比,被动再生对温度的要求不高,可以减少能耗,以便实现 DPF 的连续再生。但仅靠被动再生无法满足柴油机全部工况范围内的正常运作,大量实践证明,被动再生应与主动再生结合使用。

4.2.2　被动再生的分类

被动再生主要有催化型颗粒捕集器被动再生(CDPF)、连续被动再生、燃油携带催化剂被动再生、颗粒物与氮氧化物净化器被动再生(DPNR)、节流再生等技术[7]。

1. CDPF

CDPF 是将催化剂涂覆在过滤体上,降低颗粒物的着火点,在较低的排气温度下颗粒物就能进行燃烧,完成再生。选择合适的催化剂能在保证减少有害气体排放的同时,尽可能地降低颗粒物的着火点。目前,该种技术常用的催化剂有铜、铅、钯、铂、锰等贵金属及其化合物。该方法存在的技术难题是催化剂和过滤体接触的均匀性难以保证;在使用过程中,颗粒物会将催化剂覆盖,导致不能继续再生。目前这些问题都还没有得到有效解决[9]。

2. 连续被动再生

连续被动再生系统由 CDPF 和 DOC 组成,并且 DOC 置于 CDPF 的上游。柴油机排气通过 DOC 时,其中的 HC 和 CO 会被氧化,NO 会被氧化为 NO_2。然后在排气经过 CDPF 时,由于 NO_2 对颗粒物的氧化性较强,同时 CDPF 中的颗粒物也在催化剂的作用下降低了着火点,因此在较低温度下就能实现 DPF 的再生。

该技术是在 DPF 的入口处安装一个 DOC,作用是使废气中的 NO 被氧化成 NO_2。连续再生系统的理论基础是在有 NO_2 时碳烟颗粒物的氧化速度是在没有 NO_2 时的 10 倍。连续再生系统内部的氧化催化剂以贵金属铂(Pt)为主要成分,它能够促进柴油机尾气中的气态污染物 CO、HC 与 O_2 发生氧化反应,生成 H_2O 和 CO_2,降低 CO、HC 排放;同时,在贵金属催化剂的催化下,尾气中的 NO 被尽可能氧化成 NO_2,为后续的被动再生提供条件。但连续被动再生技术对柴油的油品要求很高,对燃油的含硫量敏感,不符合我国国情。若柴油机尾气温度长时间低于 DOC 的工作温度,则颗粒物无法被动再生,只能累积在滤芯,造成滤芯堵塞。

连续被动再生能达到去除有害物质的效果,但会生成硫酸盐颗粒。

3. 燃油携带催化剂被动再生

该方式向燃料中添加催化剂以降低被动再生的颗粒物的氧化温度。使用的催化剂为以氧化铈或铁基化合物为主要成分的复合添加剂,使用时通过计量系统混入燃油中。该方式无须对柴油机进行改造,能有效降低颗粒物再生活化能,使颗粒物能在正常的尾气温度下再生,再生能耗小。但催化剂的供应和添加是个难题,再生过程中产生的金属氧化物会堆积在滤芯中,造成堵塞难以清理,不当的催化剂会给健康或环境带来额外风险。

燃油携带催化剂被动再生技术采用燃油添加剂的方式,把可溶于柴油的金属加入燃油一起燃烧,燃烧后产生的金属氧化物起催化作用,而且从金属氧化物生成时便开始对颗粒物起催化作用,将颗粒物的起燃温度降低 200~400 ℃,并一起随尾气排出沉积于 DPF 上。相较于以上两种被动再生方式,此再生方式因对燃油品质要求不高,所以比连续被动再生方式简单、易于实现;又因为其金属不断得到补充,所以避免了催化剂涂覆在过滤体上导致催化剂失活和催化剂接触不均匀催化不完全的弊端。这种方式与颗粒物的接触面积大,催化氧化效率高。

常见的燃油添加剂有如下几类:重金属铜(Cu)、铅(Pb);贵金属金(Au)、铂(Pt)、钯(Pd)、Sr(锶);过渡金属 Zn(锌)、铁(Fe)、钴(Co)、锰(Mn);稀有金属镧(La)、锗(Ge);稀土金属铈(Ce)等。有研究表明,燃用添加了铁基化合物的柴油相对于纯柴油可以降低柴油机烟度排放,颗粒物排放质量浓度也大大降低,排气效果明显改善。

4. DPNR

DPNR 是一种能够同时减少颗粒物和 NO_x 的技术,该技术最早由日本丰田公司开发。具体做法是在对颗粒物具有捕集功能的多孔陶瓷过滤壁面上均匀涂覆 NO_x 吸附还原催化剂,在稀薄燃烧状态(富氧)下,在活性氧的作用下,颗粒物能与氧气发生化合反应生成 CO_2;在催化剂的作用下,NO_x 与活性氧及碱金属发生反应,生成硝酸盐;在加浓燃烧状态(贫氧)下,颗粒物被还原阶段生成的活性氧氧化生成 CO_2,NO_x 与活性氧在催化剂作用下生成 N_2 等无害气体。

5. 节流再生

节流再生通过进气节流或排气节流的方式来调控柴油机的气流量,从而提高柴油机尾气温度和压力,以此来促进 DPF 再生。

节流再生的缺点是使活塞、气门与气缸盖等部件热负荷增大。

4.3　复合再生技术

DPF 的主动再生和被动再生技术虽然都可以实现 DPF 再生,并且其中有些再生方式简单、可靠,但都存在一些问题。主动再生技术主要利用外部能源产生热量进行再生,以加热颗粒物使其充分燃烧。然而主动再生技术存在加热不均、热腐蚀等劣势。被动再生技术主要通过催化剂或产生强氧化性物质,降低颗粒物的氧化、燃烧条件实现再生。但被动再生技术存在催化剂老化、硫中毒和二次污染的风险。

被动再生技术受限于燃料品质、再生温度和额外风险;主动再生技术受限于再生能耗大、滤芯受热不均热损毁、再生效率低等技术不成熟问题。为克服单一再生方法的不足,需将主动再生技术与被动再生技术联合起来,将两种或多种再生方法配合使用,才能设计出可以适用于船舶柴油机复杂、恶劣环境的尾气处理装置。船用柴油发动机是高功率柴油发动机,尾气中含有大量颗粒物。只包含主动再生技术的 DPF,再生技术所需的能源消耗量巨大,而且加热和燃烧的高温会缩短过滤体的寿命。对于大型船舶柴油机来说,更换 DPF 非常不方便且经济性差。只包含被动再生技术的 DPF,再生技术需要的催化剂数量庞大,极易产生二次污染。所以,最合理的柴油机尾气颗粒物再生技术为复合再生技术[10]。

在实现 DPF 的再生过程中运用多种再生技术,可弥补单一再生技术存在的缺陷,提高再生效率,延长 DPF 的使用寿命。现在已研究的喷油助燃再生结合燃料添加剂再生与氧化催化再生的 DPF 再生方法就是一种复合再生技术。催化剂可以快速氧化尾气颗粒物,使颗粒物可以在较低温度下燃烧,也可以保护过滤体和延长 DPF 使用寿命。复合再生技术不仅经济性高,处理效率高,还符合现代资源合理化利用的理念。

目前,在轻型汽车中,DPF 的再生是通过一种后喷策略来达到 DPF 再生温度。后喷策略即在发动机膨胀冲程期间必须注入一定量的燃料,其中一部分燃料蒸发之后未燃烧,随着发动机尾气流入 DPF 中进行燃烧,提高 DPF 入口气流温度。在发动机正常运行时,后喷策略使气流进入 DPF 的温度达到比排气温度高得多的温度。后喷策略的主要缺点是:燃油不完全燃烧会产生较多的颗粒物。壁流式过滤器的过滤效率取决于许多因素,如孔隙大小分布、孔隙率和基质的几何参数,包括壁厚、通道长度、每平方英寸单元等。捕获发动机排气微粒发生在两个明显的阶段:深层过滤和滤饼层过滤。在第一阶段,微粒在过滤壁上的沉积改变了过滤器的微观结构,导致过滤效率和背压急剧提高;在这些最初的变化之后,微粒的捕集发生在通道内,形成“滤饼层”,这是一层厚厚的微粒。微粒滤饼层会导致 DPF 压降轻微增加,过滤效率接近 100%[1]。

一个能在船舶上使用的尾气处理装置,必须满足以下要求:

(1)装置再生功率小,能在船舶上使用;

(2)滤芯在再生过程受热均匀,再生过程稳定;

(3)装置能满足船舶尾气量大、烟浓等复杂恶劣的工作环境;

(4)装置能连续工作,日常维护少。

参 考 文 献

[1] 王特.柴油机 DPF 微粒捕集与再生特性数值模拟研究[D].南宁:广西大学,2020.

[2] 殷吉文.壁流式 DPF 碳烟捕集及再生燃烧特性的数值模拟研究[D].南宁:广西大学,2020.

[3] 孙浩铭,邱华荣,成龙伟,等.DPF 的工作原理及再生方式[J].时代汽车,2021(22):26-27.

[4] 张煜.柴油机 DPF 再生控制系统研究[D].昆明:昆明理工大学,2020.

[5] 李靓雪.不同进气增压模式对柴油机及 DPF 性能影响研究[D].昆明:昆明理工大学,2021.

[6] 谭杰.DPF 和 GPF 再生时出口颗粒排放特性的试验研究[D].成都:西华大学,2021.

[7] 罗世磊.柴油机颗粒捕集器(DPF)捕集与再生性能研究及结构参数优化[D].重庆:重庆大学,2019.

[8] 童成峥.基于流热固耦合的 DPF 再生特性数值模拟及灰色关联度分析[D].南宁:广西大学,2020.

[9] 郭星萌.船用柴油机尾气后处理系统的优化设计[D].贵阳:贵州民族大学,2019.

[10] 王超.微粒捕集器复合再生过程微粒燃烧与多场协同机理研究[D].长沙:湖南大学,2013.

第 5 章 DOC-DPF 尾气处理技术

在前文中,通过对 DPF 的建模仿真研究,分析了 DPF 的结构参数对捕集效率的影响,得出了优化方案。本章将介绍根据优化方案制造的 DOC-DPF 尾气处理装置在船舶上安装前后的尾气测试试验,利用自动烟尘测试仪对船舶柴油机尾气颗粒物进行检测,测试 DOC-DPF 尾气处理装置对船舶柴油机尾气颗粒物的处理情况,检验方案的可行性。

5.1 DOC 工作原理

目前来说 DOC 载体的选择,最适宜的是蜂窝陶瓷或蜂窝金属,其内部涂有氧化物涂层,填充有以贵金属为主要成分的氧化催化剂。在船舶柴油机的尾气处理中,尾气中有害物质的催化氧化主要依靠的就是 DOC,它能够促使柴油机尾气中的气态污染物 CO、HC 在较低的温度下与多余的氧气发生氧化反应[1],生成对大气无污染的 H_2O 和 CO_2,这种催化氧化方式可以有效地使 CO、HC 的排放量减少,净化尾气。DOC 不仅仅是连续再生系统的一部分,而且它还能提高尾气中 NO 氧化为 NO_2 的效率,为下一步 DPF 的连续再生做准备。DOC 工作示意图如图 5.1 所示。所以说 DOC 的催化氧化作用至关重要。

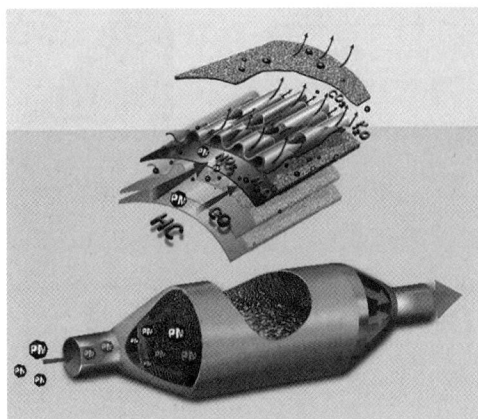

图 5.1 DOC 工作示意图

DOC 技术必须解决几个关键的技术难题,才能取得更高效益的净化效果。一是柴油机的尾气环境气温较低,无法达到最佳的反应温度要求,对催化剂环境温度要求较高,所以必须使催化剂在温度较低的情况下仍然保持较高的催化能力;二是对柴油中含硫量的要求比较苛刻,必须使用含硫量较低的柴油,否则会影响催化剂的效益;三是在排放的废气中,会产生一些较大的,容易堵塞催化剂载体的颗粒物,这些颗粒物难以被催化氧化,因此必须解决这一问题。

DOC 内反应过程为

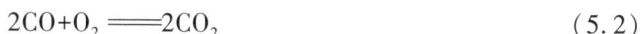

$$HC+O_2 \longrightarrow H_2O+CO_2 \tag{5.1}$$

$$2CO+O_2 \Longrightarrow 2CO_2 \tag{5.2}$$

目前国内外对柴油机尾气 DPF 后处理装置的研究已经比较深入,研究出了很多种不同类型的 DPF。例如,采用 DOC-DPF 这种复合再生方式能大幅度降低柴油机尾气颗粒物的排放,DOC-DPF 方式对颗粒物数量浓度的过滤效率达85%以上。但是如果 DOC-DPF 系统能在结构和再生方式选择上得到进一步优化,柴油机尾气颗粒物的捕集和连续再生效率还会有所提高。DOC 主要作用是除去尾气中的可溶性有害气体 HC、CO 等,大部分颗粒物的主要成分碳烟还需要在 DPF 中去除。所以 DOC-DPF 可作为一个 DPF 系统来降低船舶柴油机尾气颗粒物排放,从而提高 DPF 尾气处理的效益[2]。使用 DOC 时,必须严格要求使用含硫量较低的柴油,否则会导致经过 DOC 的硫化物与催化剂反应生成新的碳烟,增加 DOC 下游尾气硫化物的比例。DOC 中实现了催化剂被动再生,DPF 中不再使用催化剂。实验研究表明,使用 DOC 辅助 DPF 再生的方法十分可行,可以大大提高 DPF 的工作效益,延长 DPF 的使用寿命。DPF 捕集过程如图 5.2 所示。

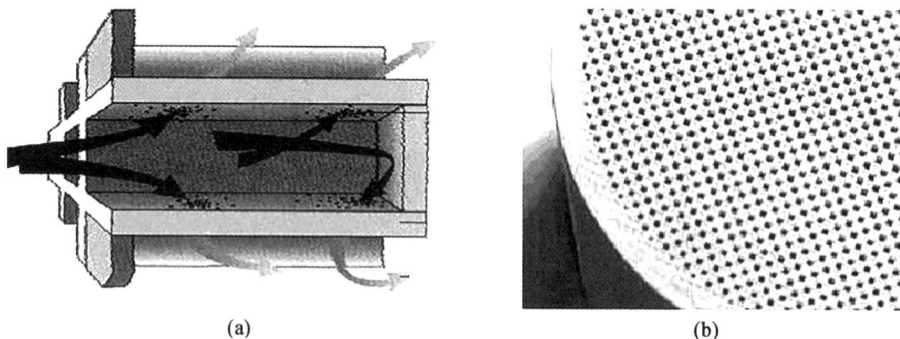

(a)   (b)

图 5.2　DPF 捕集过程示意图

5.2　DOC-DPF 连续再生技术的优势

在前文中,我们详细探讨了 DOC 的工作原理以及船舶柴油机尾气颗粒物处理装置的再生技术。在 DOC-DPF 尾气处理装置中,我们采用连续再生技术,其工作示意图如图 5.3 所示。该技术通过 DOC 削减尾气中的 CO 和 HC,并将 NO 氧化为 NO_2,利用 NO_2 的强氧化能力,使尾气中的颗粒物在较低温度下(约 250 ℃)进行连续再生。这种技术具有以下优势:

(1)再生效率高。DOC 具有催化氧化柴油机尾气中颗粒物的能力,其催化氧化的效率受到排放出的尾气温度影响较明显,船舶柴油机尾气排放温度较高,所以它的催化效益到达 70%以上,DOC 可以将尾气颗粒物中部分的 NO 氧化成 NO_2。在柴油发动机正常尾气温度下,利用 NO_2 强氧化性,与 DPF 中的颗粒物发生反应。所以在这种情况下,进入 DPF 中累积的颗粒物将大大减少,提高净化效率,DPF 的再生效率大大提升。

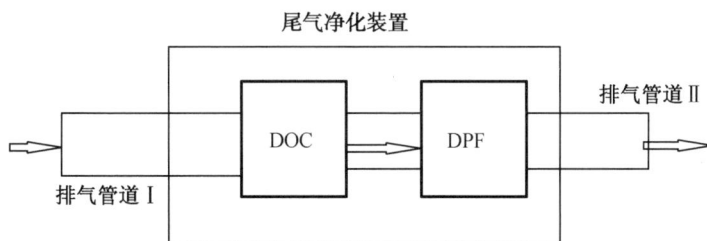

尾气净化装置

图 5.3 发动机尾气净化装置工作示意图

催化还原主要化学反应分为氧化型催化剂[式(5.3)]、还原型催化剂[式(5.4)]:

$$2NO+O_2 =\!\!=\!\!= 2NO_2 \tag{5.3}$$

$$CO/HC+NO_2 \longrightarrow N_2+CO_2+H_2O \tag{5.4}$$

(2)DOC 有高效催化氧化尾气中的 CO 和 HC 的能力,DOC 净化 CO 和 HC 的效率即便在船舶柴油机尾气排放温度较低时,也能达到 60%左右,当排气温度超过 260 ℃时,DOC 可以尽数除去 CO 和超过 85%的 HC。

(3)性能良好的 DOC 催化剂涂层在温度较低时也能燃烧。一来 HC 和 CO 的转化效率可以达到很高的值;二来可以在氧化过程中释放热量,提高排气时的温度,[3]提高自身的催化氧化;三来可以使废气中的 NO 迅速氧化为 NO_2,提高净化效率,也使 DPF 的再生效率大大提升。

连续再生过程中发生的主要化学反应为:[4]

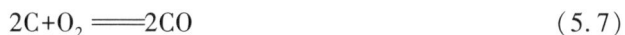

$$2NO_2+C =\!\!=\!\!= 2NO+CO_2 \tag{5.5}$$

$$C+O_2 =\!\!=\!\!= CO_2 \tag{5.6}$$

$$2C+O_2 =\!\!=\!\!= 2CO \tag{5.7}$$

DOC-DPF 不仅运转更加良好,还能降低尾气处理系统的老化速度,提高 DPF 的使用寿命和经济性。

5.3 DOC-DPF 尾气处理装置

5.3.1 DOC-DPF 尾气处理装置的组成

DOC-DPF 尾气处理装置主要由 DOC、DPF、流量检测管组成,如图 5.4 所示。DOC 为催化氧化装置,采用堇青石制成,在堇青石上除了涂有以 $\gamma-Al_2O_3$、贵金属钯(Pd)、铂(Pt)为主的贵金属催化剂涂层,还额外添加了稀土元素铈(Ce)等。稀土元素的加入能有效减缓催化剂的中毒劣化,使 DOC 滤芯能在船舶柴油机高含硫量的尾气中持续工作。DOC 安装在 DPF 之前,在尾气通过 DOC 时,将其中的 NO 氧化成 NO_2。而 NO_2 对于被捕集的颗粒物拥有很强的氧化能力,其起燃温度仅为 260 ℃左右,使 DPF 在较低温度下也能进行连续再生,保证装置的连续使用[5-7]。

图 5.4 DOC-DPF 尾气处理装置模型图

DOC-DPF 尾气处理装置具体尺寸如图 5.5 所示。

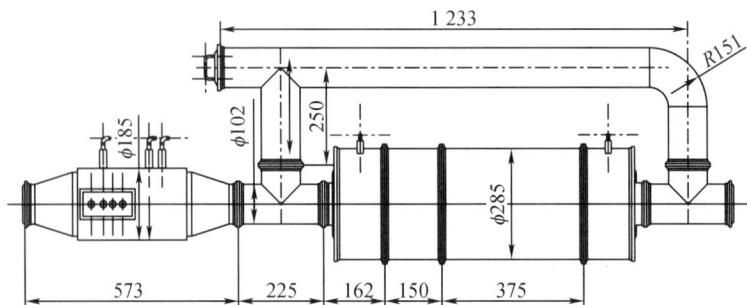

图 5.5 DOC-DPF 尾气处理装置尺寸(单位:mm)

DOC-DPF 尾气处理装置结构示意图如图 5.6 所示。系统正常工作时,排气不从旁路管通过。此时应将旁路阀"关"字样水平置于"开"字样上方,表示关闭旁通管。当碳烟指示灯亮起,表示 DPF 累计满需要维护时,需要在 24 小时内转动旁路阀,将"开"字样水平置于"关"字样上方,此时尾气不经过 DPF,直接通过旁路管进入空气。

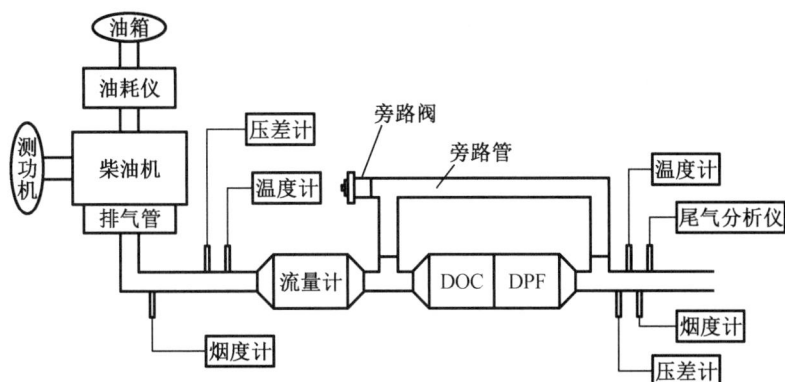

图 5.6　试验系统组装结构示意图

5.3.2　仪器的安装

测功机安装在柴油机旁,与柴油机水平安装。为了确保燃油具有足够的压力和加快进油速度,油箱应高于油耗仪 2 m,同时为了确保燃油流过油耗仪时能顺利流动到柴油机内,油耗仪安装应高于柴油发动机 1.5 m。

柴油机排气总管后的排气管在包含 DOC 催化装置的膨胀部分的上游应该具有至少 4 倍管径的直管段,即长为 408 mm 的直管段。尾气分析仪的取样探头必须安装在距离排气总管出口至少 10 个排气管直径的下游,即 1 020 mm,另外需要对探头做保温处理,保证探头处的排气温度高于 70 ℃[5-6]。

进气流量计外壳上装有检测插口,可用于烟度计、压差计、温度计的检测,因此这 3 个仪器可安装在 DPF 旁,便于检测净化后的排气。取样探头需要延伸到排气管内至少 80% 内径的位置,在本试验装置中即延伸到管道约为 82 mm 深度处。测量尾端排气时,需要将测量端深入管道内 300 mm。压差传感器的导线延长需要在 10 m 以内。尾气分析仪则安装在最后。

5.3.3　法兰与垫片的配置

试验系统需要配置法兰的地方有 4 个,即排气总管的出口端,进气流量计的前、后两端,DPF 的旁路管与后续延长管道的连接端。

1. 排气总管出口与管道连接的法兰选用

因排气管道出口法兰要求较高,因此单独选用法兰。

法兰的选用会受到多种外界因素的影响,其中包括介质的腐蚀性、冲刷、温度、压力和振动等,尾气中含有硫化物、NO_2 等物质,而船舶航行在海面上,尾气中也含有水分,因此需要考虑到介质可能具有轻微的酸性。

各个型号的柴油机的尾气都存在差异。本次试验所用柴油机以额定转速工作时,尾气总管管道温度为 524~550 ℃;以 1 400 r/min 的转速满载工作时,压强随曲轴转角变化,其峰值约为 0.23 MPa。而本试验中柴油机转速为 1 500 r/min。因此暂定法兰的公称压力为 PN6(欧洲体系,HG/T 20592—2009,无论选用何种标准,都只有欧洲体系和美洲体系两种体系)。

尾气排放装置的入口管道内径为 102 mm,因此选用欧洲体系的公称通径 DN100。

根据上述条件,在常见的法兰种类中,选择较为适合本次试验的法兰类型,分别为板式平焊法兰(PL)、带颈平焊法兰(SO)和带颈对焊法兰(WN)。

板式平焊法兰的优点是制造材料获得容易,制作较为简单,因此成本低,应用范围最为广泛;缺点是刚性比较差,不适用于易燃易爆和高度甚至极度危害介质等要求严格的场合。

带颈对焊法兰的优点是能承受较高的应力,因此不易变形,且此结构密封性好,价格也比较便宜,常用于压力、温度较高的场合;缺点是现场安装较为复杂,需要进行焊缝拍揉伤的工序。

带颈平焊法兰的优点是法兰的短颈增加了法兰的刚度和承载能力,本身的制造工艺比对焊法兰简便,安装工序比较简单;缺点是不适用于有频繁且大幅度温度变化的管道,需要较多的焊条,因此焊接工作较多,不适用于高温、高压及反复弯曲和温度波动的工作场合。

综合考虑尾气总管出口端管道的温度可高达 550℃,且考虑到良好的气密性有助于保证数据的准确性,同时柴油机发动时振动较大,应选取刚性较好的法兰类型。因此,本设计选择了带颈对焊法兰,但因为带颈对焊法兰的公称压力等级最低为 PN10,因此从原本的 PN6 调高为 PN10。

带颈对焊法兰的密封面形式较多,但没有特殊需求,因此选择较为简单的全平面(FF),适用压力等级为 PN10~PN16,适用公称通径为 DN10~DN2000。

管法兰并不推荐使用钢板制作,因此可选择铸件制作,材料选择了带颈对焊法兰常用的 16Mn。

公称尺寸为 DN100,公称压力为 PN10,配用公制管的带颈对焊钢制管法兰,材料为 16Mn,壁厚为 4 mm,法兰的标记为 HG/T 20592 法兰 WN100(B)-10FFS=4 mm16Mn。

2. 排气总管出口端的法兰垫片选用

因管道内温度较高,而常见的非金属平垫片适用温度都较低,仅有其中的增强柔性石墨板和高温云母复合板适用,而这两种非金属材料平垫片都没有全平面的形式,因此本设计选用金属复合垫片。

金属复合垫片中,因本设计为高温管道,而常见的材料中,0Cr19Ni9(代号 304)和柔性石墨(代号 FG)这两种材料耐热性良好,用其制成的金属缠绕垫片多用于气体介质,金属齿形复合垫片多用于高温高压管道,金属包覆垫片多用于蒸汽、煤气、油品、汽油等一般工业介质,金属波齿复合垫片则用于中、高压管道。

选择常用于气体介质的金属缠绕垫片,因垫片的最低适用公称压力为 PN16,而法兰的公称压力为 PN10,故将垫片公称压力定为 PN16。此类型垫片中,没有仅用于全平面的密封面形式,不过用于突面的法兰密封面形式都适用于全平面的法兰密封面,因此选用此类型中的带对中环型(也称带定位环型),代号为 C,标记为 HG/T 20610 缠绕垫 C100-161220。

3. 流量计前、后端与 DPF 后端的法兰选用

这 3 个位置的法兰工况较为相近,温度环境为 300 ℃左右,且振动较小,选用同一类型法兰即可。选择较为常用和实惠的板式平焊法兰。虽然气体在管内流动到流量计前端时压力可能低于 0.25 MPa,但实际压力与公称压力之比可能会超过 80%,因此选用 PN6 会更加有保障。公称尺寸依然选用 DN100 的 B 系列,即公制管法兰。材料选择 Q235A。密封面形式选用常用的突面(RF)。法兰外径 D 为 210 mm,螺栓孔中心圆直径 K 为 170 mm,螺栓孔直径 L 为 18 mm,螺栓孔数量为 4 个,法兰厚度为 18 mm,螺栓型号为 M16。法兰标记为 HG/T20592 法兰 PL100(B)-6RFQ235A。

4. 流量计前、后端与 DPF 后端的法兰垫片选用

因为管内温度依然高于 300 ℃,所以不选用非金属垫片,而选用金属包覆垫片。包覆金属材料选用 OCr13,代号 405,最高工作温度为 500 ℃。填充材料选用柔性石墨板,代号 FG,最高工作温度为 650 ℃。流量计后端很接近 DOC 装置,柔性石墨板如果用于氧化性质的介质,会降低最高使用温度,为 450 ℃,但是考虑到 DOC 装置在排气流向下方,且即使降低最高使用温度也依然适用,因此符合选用要求。垫片标记为 HG/T20609 金属包垫片 100-6405/FG。

5.3.4　台架试验仪器的选用

具体仪器的选用如表 5.1 所示。

表 5.1　选用仪器总结表

仪器名	型号
电涡流测功机	DW-260
尾气分析仪	MEXA-7000SLE
进气测量计	ToCeil-LFE200
烟度计	SPC472
油耗仪	HZB2000
温度传感器	DELI
压差传感器	932312S-2232156-100

5.4　DPF 性能仿真

本试验所用的 DPF 模型如图 5.7 所示。

将各项技术参数输入仿真模型,材料为堇青石,过滤体密度为 1 325 kg/m^3,比热容为 900 J/(kg·K),传热系数为 1.5 W/(m·K)。

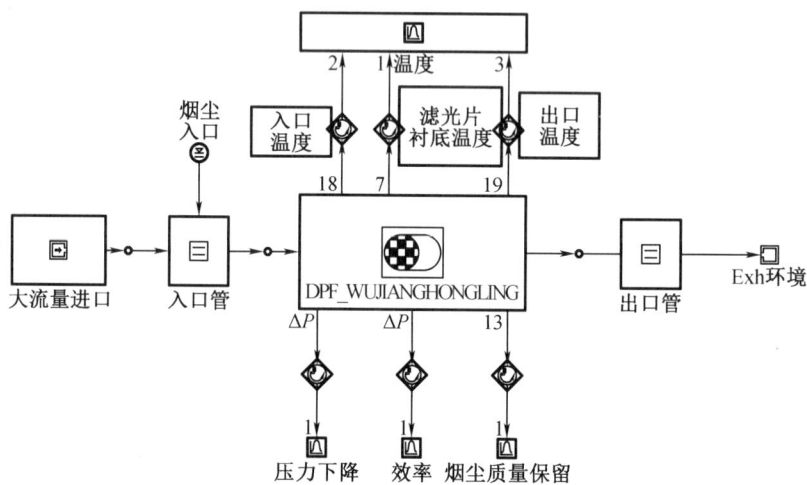

图 5.7　DPF 仿真模型

5.5　DPF 仿真模型的试验系统方案

5.5.1　船舶柴油机选择

船舶柴油机基本参数如表 5.2 所示。由于用途和使用条件不同,柴油机可分为三类:带动发电机的柴油机(常见为发电的辅机)、带动螺旋桨的柴油机、车用柴油机。本试验中选用的柴油机属于带动螺旋桨的柴油机,即此柴油机属于按照推进特性运行的船用主机。

表 5.2　船舶柴油机基本参数

柴油机名称	斯太尔 WD615 系列船舶柴油机
柴油机型号	WD615.68C
进气方式	增压中冷
形式	立式、水冷、直列、四冲程
气缸数×缸径×行程	6 ×126 mm×130 mm

表 5.2(续)

持续功率/转速	205 kW/2 100 r/min
超负荷功率/转速	225 kW/2 163 r/min
总排量	9.726 L
额定工况燃油消耗率	220 g/(kW·h)
机油燃油消耗率	≤0.4%
空载转速	1 980 r/min
怠速稳定转速	(600±5) r/min
噪声(声功率级)	111 dB
额定工况烟度	2.5 Rb

根据《船舶发动机排气污染物排放限值及测量方法(中国第一、二阶段)》(GB 15097—2016)(以下简称"限排标准")中的排放限值要求,结合表 5.2 可得知,安装此类型柴油机的船舶可被划定为第 1 类船机。此柴油机单缸排量为 2.146 L。我国安装了此船机的船舶在第一、二阶段应该满足的排放限值如表 5.3 所示,2017 年 7 月 1 日实行第一阶段计划,2021 年 7 月 1 日实施第二阶段计划。

表 5.3　船机 4135 污染物排放限值　　　　[单位:g/(kW·h)]

阶段	CO	HC+NO	CH	颗粒物
第一阶段	5.0	7.2	1.5	0.20
第二阶段	5.0	5.8	1.0	0.12

5.5.2　试验循环

本试验选择的船机属于按推进特性运行的船用主机,因此选取柴油机最大净功率的100%、75%、50%、25%四个工况进行循环试验,具体按表 5.4 进行试验。

表 5.4　试验循环表

工况号	发动机转速(以额定转速的百分数计)	最大净功率的百分数	加权系数
1	100%	100%	0.20
2	91%	75%	0.50
3	80%	50%	0.15
4	63%	25%	0.15

5.5.3　检测方案

本试验在实体船舶上进行,模拟船舶运行的真实情况。进行碳烟捕集试验,检测 DPF 和 DOC-DPF 的排气背压曲线,捕集工况为 2 100 r/min、75%负荷;进行尾气分析试验,在柴油机 25%、50%、75%、100%负荷工况下使用自动烟尘测试仪等仪器在 DOC-DPF 装置后进行尾气分析。检测点位、检测项目及检测频次如表 5.5 所示,检测方法、使用仪器如表 5.6 所示。

表 5.5　检测点位、检测项目及检测频次

检测类别	尾气处理前	尾气处理后
检测点位	船舶柴油机废气排放	DOC-DPF 尾气处理装置后排放
检测项目	CO、颗粒物、非甲烷总烃	
检测频次	各工况等时间间隔采 3 个样品,瞬时采样	

表 5.6　检测方法及使用仪器

检测项目	检测方法	使用仪器
颗粒物	《固定污染源排气中颗粒物测定与气态污染物采样方法》(GB/T 16157—1996)	万分之一电子天平 BSA224S
CO	定电位电解法(《空气和废气监测分析方法》(第四版)中国环境出版社,2003 年)	自动烟尘(气)测试仪 3012H
非甲烷总烃	《固定污染源排气中非甲烷总烃的测定 气相色谱法》(HJ/T 38—1999)	气相色谱仪 9790Ⅱ

1.试验程序

按表 5.4 中不同的四个工况进行试验循环,记录相关数据。

在进行试验时,每个工况需要保持最少 10 min;而本试验为针对唯一船机进行的试验,为了保证滤纸上能获得足够的颗粒物,可延长取样时间。本试验预设时间为 12 min[5]。根据要求,一般在各个工况的最后 3 min 测量气态污染物浓度值并记录[7],同时又要求颗粒物采样和气态污染物测量同时完成,则气态污染物的测量依然为 3 min,为每个工况的最后 3 min。

实际运行工况时间应该记录并写入报告当中。

2.分析仪响应

因测量过程至少需要 3 min,则排气至少在每个工况的最后 3 min 通过尾气分析仪,尾气分析仪所得到的结果用等效的数据采集系统记录。本试验选用的尾气分析方法为直接取样法,因此在每个工况的最后 3 min 查看并记录相关数据。

3. 颗粒物取样

本试验使用多滤纸方法进行颗粒物取样,由于使用不同的方法所测得的结果可能会略有不同,因此使用的方法必须和结果一起记录说明清楚。

必须尽可能在每个工况的最后进行取样,每个工况的取样时间,多滤纸方法需要多于 60 s;由于本试验采用的系统拥有旁通功能,因此每个工况的取样时间,多滤纸方法依然为 60 s[8]。

4. 船机状态

在每个工况下,当船机运行稳定后,使用选定好的仪器测量船机的速度和负荷、进气温度、燃油消耗量、进气流量。

应记录排放结果以用于后续计算。

5. 分析仪的检查

排放试验过后,应该用相同的零气(具体组成(体积分数):$V_C\% \leq 1 \times 10^{-6}$,$V_{CO}\% \leq 1 \times 10^{-6}$,$V_{CO_2}\% \leq 400 \times 10^{-6}$,$V_{N_2}\% \leq 0.1 \times 10^{-6}$,$V_{O_2}$ 为 18%~21% 的合成空气)和量距气重新检查分析仪,如果试验前、后的检查结果相差不到 2%,则认为试验有效[9]。

5.5.4　试验前的准备

1. 计算数值的校正

在计算当中,所有用到体积或者体积流量的计算,都需要将数值折算到 273 K(0 ℃)和 101.3 kPa 的大气压基准状态,减少因温度和压力的影响引起的体积变化而产生误差。

2. 船机试验条件

为了保证试验的数值准确性,需要对实验室环境进行判断。首先对柴油机进气进行检测,进气的绝对温度 T_a 需要用 K 作为单位,干空气气压 P_s 则用 kPa 作为单位,然后根据各船机的不同情况,选择对应的计算公式,得到实验室的大气因子 f_a。

已知本试验所用船机为柴油船机,为自然吸气式,因此计算公式为

$$f_a = \frac{99}{P_s} \cdot \left(\frac{T_a}{298}\right)^{0.7} \tag{5.8}$$

当实验室的大气因子 f_a 满足下列条件时,此次试验有效[13]:

$$0.93 \leq f_a \leq 1.07 \tag{5.9}$$

3. 取样滤纸的选择与准备

在颗粒物检测时需要用到滤纸,本试验选用多滤纸方法。选用滤纸直径为 47 mm,推荐污染面直径为 37 mm,推荐最小荷重为 0.5 mg。因为为多滤纸测量方法,因此所有滤纸之和的推荐最小滤纸荷重应该等于对应的推荐最小荷重和工况数的平方根的乘积[10]。

试验前,每张(对)滤纸应该先放在有盖而不密封的培养皿中,放入称重室稳定 1 h 以上。稳定结束后,应称量每张(对)滤纸的净质量并做好记录,以方便后续对比,然后将滤纸放置在有盖(即密封)的培养皿中或滤纸保持架上,等到使用时再取用。为了减少误差,一旦滤纸在离开称重室 8 h 内没有被使用,则需要重新进行稳定和称重[11]。

4. 安装测试设备

仪器和取样探头按照各自的说明书进行安装。

5. 启动稀释系统和船机

为保证试验所测数据更稳定、科学,需要对稀释系统和船机进行预热处理,DPF 系统在全负荷和额定转速下运行 30 min,对 DPF 进行预处理。目的是消除 DPF 制造时产生的低挥发性物质,诸如水汽和灰分等,另外也保证了 DPF 性能的稳定。本试验所用装置之前在船体上进行测试后一直放置在实验室,装置受到环境影响,可能吸收了不少的水汽和空气中飘浮的各种杂质,因此更需要对装置进行预处理。

6. 背景颗粒物的测量

本试验采用多滤纸方法,应启动颗粒物取样系统并在旁通条件下运行。所谓的多滤纸方法为在试验循环的每个工况都使用一对滤纸。按照测量规程对稀释空气进行颗粒物取样,测量稀释空气的背景颗粒物值。应对稀释空气进行过滤,并在试验前、或试验中、或试验后使用颗粒采样系统测量背景颗粒物值[12]。

7. 调节稀释系统的稀释比

稀释空气的设定应保证每个试验工况滤纸表面温度低于 325 K(52 ℃),因为在保持废气总流量为 1.4 g/s 左右时,颗粒物的比排放量(1 kW·h 所排放的污染物质量)在滤纸温度 47 ℃附近有最大值,比值随着采样比的变小而变小。总稀释比应该高于 4。

8. 背景稀释空气浓度的测量

本试验使用的是质量稀释排气分析的系统,相关的背景浓度应该根据整个试验过程中采入取样袋的稀释空气来确定。

连续背景浓度测量(无取样袋)至少需要在试验前、接近试验循环中间和试验后测量 3 次,并求平均值。在制造企业的要求下,背景测量可以省略。

9. 检查分析仪

在使用分析仪前,应标定排放分析仪的零点和量距点,即对尾气分析仪进行气体标定。建议在仪器预热至少 30 min 后进行标定[13-14],常见的 CO、HC、CO_2、NO 和 O_2 的标定采用两点标定法,即标定零点与终点。本次为柴油机试验,因此应采用合成空气进行零点调整。使用丙烷的混合气进行量距标定。

5.6 试验结果与分析

本试验的主要目的是检验装置对颗粒物的减排效率,同时检测装置中的 CO、HC。通过对前后两次数据进行分析发现:

(1)由图 5.8 所示的背压曲线可以看出 DPF 和 DOC-DPF 最初的趋势一致,因为刚开始时尾气温度未达到 DOC 工作温度,颗粒物在 DPF 中堆积,使背压快速升高。随着试验的进行,尾气温度达到 DOC 工作温度,尾气中的 NO 经 DOC 氧化成 NO_2,使 DPF 中的颗粒物氧化再生,减少 DPF 中的颗粒物堆积;DPF 的背压随颗粒物堆积而上升,整体趋势呈抛物线。当 DPF 背压达到 25 kPa 时停止捕集,此时 DPF 满载,柴油机性能下降,需要对 DPF 进行再生;DOC-DPF 背压稳定在 6 kPa 左右,在合理范围内,对柴油机性能影响不大,可持续工作。

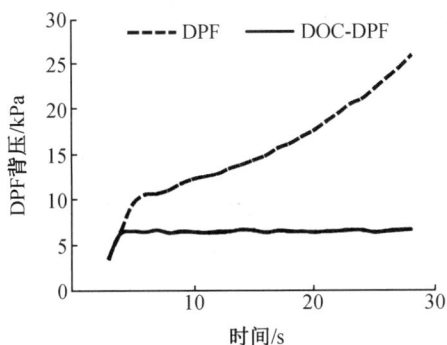

图 5.8 背压曲线

(2)由图 5.9、图 5.10 颗粒物平均排放浓度、速率可以看出,尾气中颗粒物在尾气处理前后减排效果明显,减排效率达到 92%,处理效果达到预期。

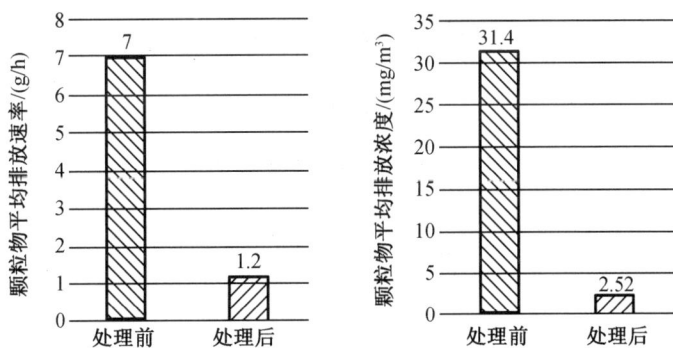

图 5.9 颗粒物处理前后对比图

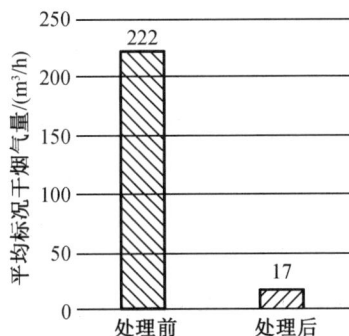

图 5.10 处理前后平均标况干烟气量

(3)由图 5.11、图 5.12 可以看出,原机随着负载的增加,CO、HC 体积分数不断下降。

安装 DOC-DPF 后 CO、HC 体积分数基本维持在很低的水平。这是因为柴油机随着负载的增加燃烧充分,CO、HC 体积分数不断下降,而柴油机是富氧燃烧,尾气中含有大量氧气,在 DOC 的作用下 CO、HC 氧化完全。

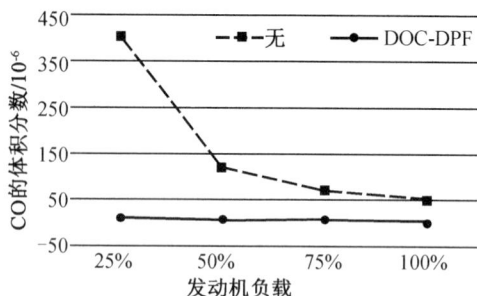

图 5.11　CO 负载变化曲线

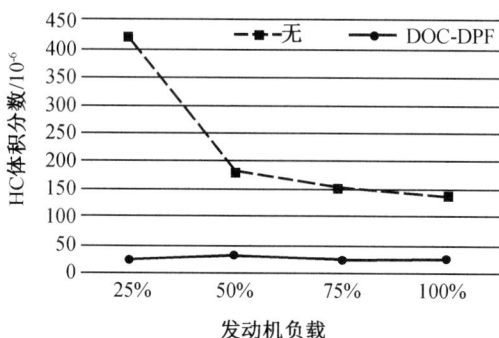

图 5.12　HC 负载变化曲线

(4)由图 5.13、图 5.14 可以看出,CO 在尾气处理前后两次测量数据对比减排效果明显,约为 90%;非甲烷总烃在装置尾气处理前后减排效果明显,减排率达到 73%。

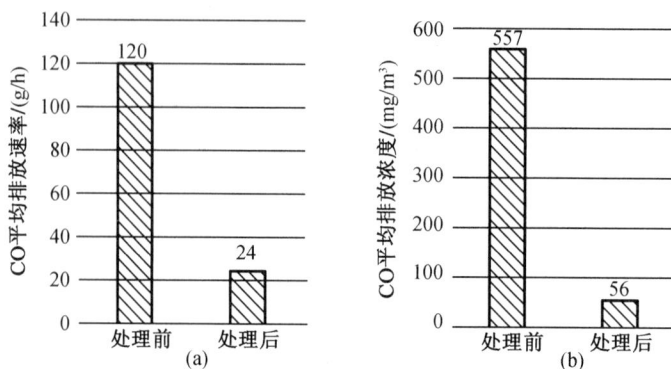

图 5.13　CO 处理前后对比图

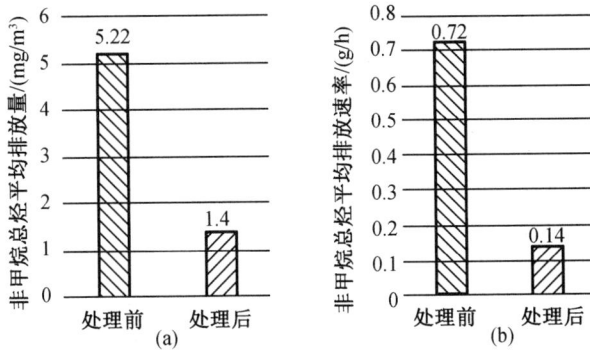

图 5.14　非甲烷总烃处理前后对比

在 DOC-DPF 尾气处理装置中,尾气中的 CO 和 HC 通过与 DOC 中的催化剂发生氧化催化反应,降低了在尾气中的浓度[15-16]。在本试验中,通过对 DOC 进行优化,在背压试验中 DOC 未发生堵塞问题。由 CO、HC 前后两次测量数据比对可知,DOC-DPF 可以达到很高的转化效率,减排效果明显。

DPF 通过将颗粒物截留在过滤体上实现净化的目的,颗粒物净化效率为 70%～90%。在试验中,尾气中颗粒物在装置安装前后减排效果明显,减排效率达到 92%,实际处理结果能达到研究的预期。在背压试验中 DPF 背压变化小于 10 kPa,不会造成柴油机性能恶化,可在船舶上持续使用。

参 考 文 献

[1]　郝兵,肖云祥,侯霞.WP3 四缸柴油机实现国Ⅳ排放的技术研究[J].现代车用动力,2014(2):28-30.

[2]　李少珍.新型船舶柴油机尾气净化技术研究[J].资源节约与环保,2018(11):31.

[3]　林峰.在用柴油车排放控制后处理装置远程监测系统研究与开发[D].武汉:武汉理工大学,2017.

[4]　欧子阳.重型特种柴油车的尾气净化和 DPF 电加热再生技术研究[D].北京:北京交通大学,2021.

[5]　中国船级社.船舶发动机排气污染物排放限值及测量方法(中国第一、二阶段)实施指南(Rev.1)[J].船舶标准化工程师,2018,51(6):12.

[6]　周俊杰,宋煜晨,王德忠,等.文丘里管空化限流现象数值模拟和实验研究[J].核动力工程,2021,42(3):25-31.

[7]　杨发林.基于排放源的沥青面层施工过程温室气体排放研究[D].西安:长安大学,2012.

[8]　贾建雄,张世恒,王忠俊.船舶发动机排气污染物满足不同标准的差异分析[J].船海工程,2020,49(5):23-27.

[9]　滕方明,薛浩慧,刘杰,等.解析机动车排气污染物排放限值及测量方法新标准(一)

[J].汽车维护与修理, 2019(11)：60-65.

[10] 王荣帅.基于 PLS 的柴油机全流和部分流采样系统相关性研究[D].武汉：武汉理工大学, 2015.

[11] 许建华.船用高速柴油机排放研究[D].武汉：武汉理工大学, 2008.

[12] 刘双喜, 高继东, 景晓军.车用发动机颗粒物测量和评价方法的发展研究[J].小型内燃机与摩托车, 2005, 34(2)：43-46.

[13] 于志恒.热动力设备排放污染及控制[J].化工设计通讯, 2016, 42(5)：228.

[14] 司南.乙醇胺(MEA)溶液吸收 CO_2 的试验研究[D].哈尔滨：哈尔滨工业大学, 2009.

[15] 闫安.车用柴油机选择性催化还原(DOC/POC/SCR)系统的开发研究[D].济南：山东建筑大学, 2017.

[16] 马志豪, 任源, 李磊, 等.POC、DOC 对柴油机气体排放的影响[J].小型内燃机与摩托车, 2013, 42(2)：59-63.

第6章 旋转式ACT结构DPF 微波再生技术

DOC-DPF尾气处理装置在200 kW级别的船舶柴油机上试验成功,效果达到预期,但从长远的角度考虑,尾气处理装置还需解决以下问题:

(1)DPF堵塞问题。DOC-DPF尾气处理装置采用连续再生技术,在200 kW级别的船舶柴油机下运行能保证装置背压小于10 kPa,不会影响柴油机性能。但在面对大型或特大型船舶柴油机尾气高温、量大、含硫量高等复杂排放环境时,DOC-DPF尾气处理装置就显得力不从心,运行时间长会有DPF堵塞的问题。

(2)装置再生问题。在大型或特大型船舶柴油机中,当长时间运行时颗粒物慢慢在DPF中沉积,造成背压上升,逐渐影响柴油机性能,此时需要及时清理DPF中沉积的颗粒物,也就是DPF的再生。

(3)装置续航问题。当DPF再生时,需要停下装置来进行,此时尾气通过旁通管直接排放到空气中。如果DPF再生时船舶靠近港口等人口密集的地方,直接排放的尾气会造成一定的环境问题。

6.1 旋转式ACT结构DPF微波再生装置

针对以上DOC-DPF尾气处理装置应用于大型或特大型船舶柴油机时存在的问题,提出旋转式非对称孔道技术(ACT)结构DPF微波再生装置,如图6.1所示。

旋转式ACT结构DPF微波再生装置通过改良现有的采用微波加热再生的尾气再生装置,将必须拆除滤芯才能对过滤体进行再生的过程改进为在过滤过程中就能对需再生的滤芯进行再生,减少了拆卸尾气装置带来的不便,降低了船舶尾气对环境的污染,具有很高的社会效益与经济效益。其技术改进主要是将滤芯分成6个部分,依次进行过滤,当滤芯过滤到峰值时通过转动主轴将该区域转动至再生区域,利用其他区域进行过滤,以达到连续过滤与再生的效果。

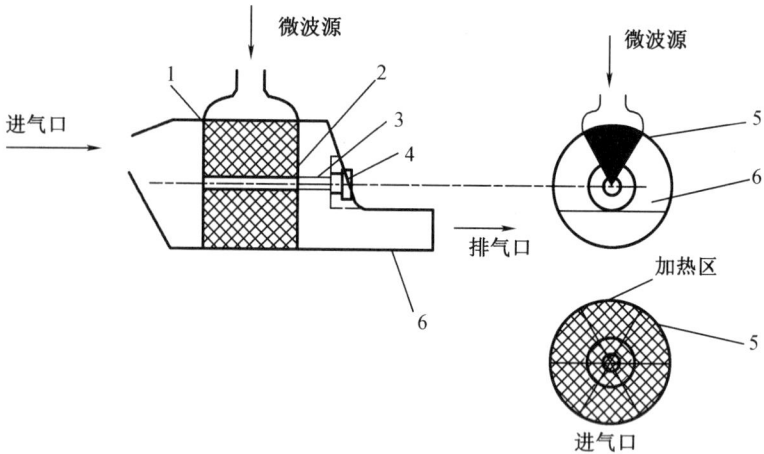

1—过滤体;2—隔热套;3—转动轴;4—电机;5—金属隔板;6—排气管;7—石英玻璃罩。

图6.1 旋转式 ACT 结构 DPF 微波再生装置结构图

6.2　过滤体的单元结构

6.2.1　DPF 过滤体的结构

目前市面上应用最广泛的是蜂窝壁流式颗粒物过滤体,其结构如图6.2所示。随着技术的不断发展,过滤效率不断提高,排气背压不断降低,使用性能也有所提高。相比于传统的对称孔道过滤体,Corning 公司提出 ACT,如图6.3所示。ACT 是将入口孔道的面积和体积增大,而出口孔道的面积和体积相对减小,使过滤体的颗粒物和灰分容量空间增大,提高存储能力,延长再生周期[1]。这样就可以在不改变 DPF 整体结构尺寸的同时减少压降。也有人提出了波浪孔道结构,与 ACT 拥有相似的结构特点。

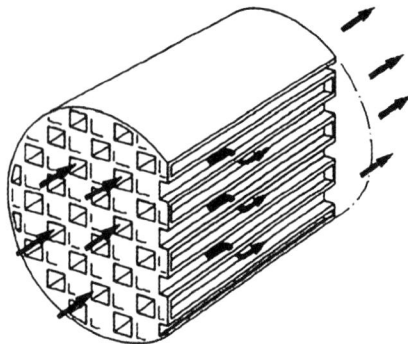

图6.2 蜂窝壁流式颗粒物过滤体示意图

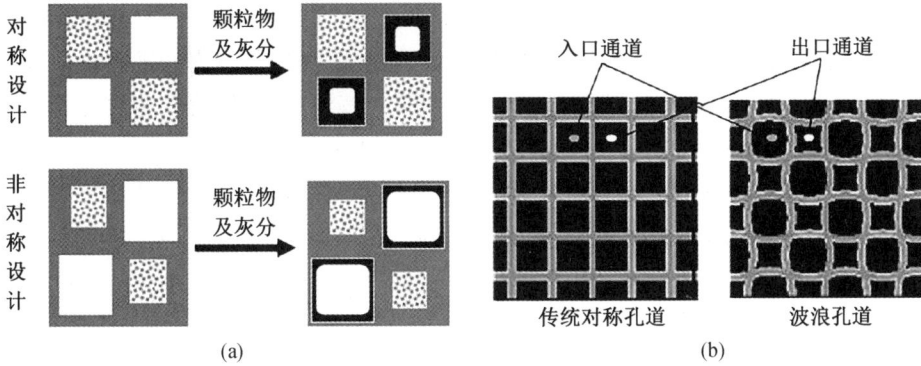

图 6.3　传统对称孔道、ACT 和波浪孔道

6.2.2　传统壁流式过滤体存在的问题

相关学者研究表明,在对柴油机尾气颗粒物控制技术中,国内外普遍认为尾气后处理是最具市场潜力和操作性的方式。但传统的柴油机 DPF 过滤体普遍存在的问题有:过滤体捕集效率与排气阻力的关系;过滤体捕集过程和再生过程的联系。

现在市场上商品化的蜂窝陶瓷 DPF 的过滤效率和流动阻力与已沉积颗粒物量的关系如图 6.4 所示。初始过滤效率可达 87%,终止效率约为 92%,平均过滤效率达到 90% 左右,流动阻力不大,每克沉积量的阻力为 0.10~0.15 kPa。但 DPF 只能把颗粒物从柴油机的尾气中过滤出来,沉积在滤芯内,它本身并不能清除颗粒物。在 DPF 中沉积的颗粒物会逐渐增加排气的流动阻力,增大柴油机排气背压,使功率输出降低,增加燃油消耗[2-6]。因而必须进行再生处理,使排气阻力恢复到初始的低阻力状态。

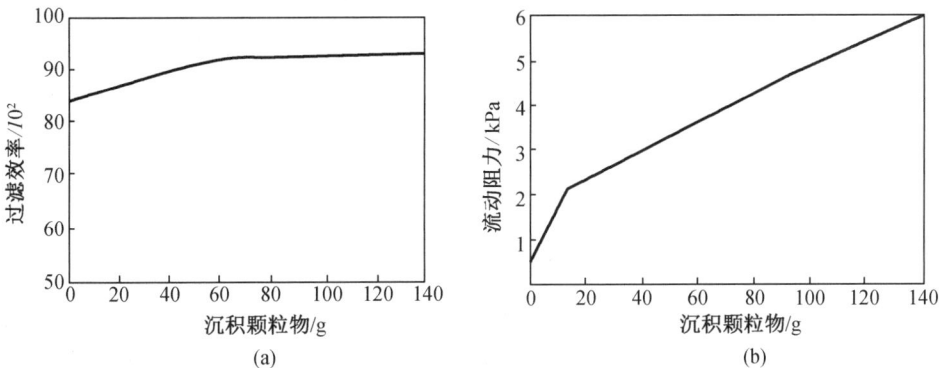

图 6.4　壁流式蜂窝陶瓷 DPF 的过滤效率、流动阻力与已沉积颗粒物量的关系

6.2.3　DPF 主要参数与过滤体结构尺寸的关系

有关研究表明,排气背压越低,过滤体内部气流流通越顺畅,对柴油机的性能影响也越小,说明 DPF 过滤体内部不能有太大的排气流动阻力。流动阻力主要取决于过滤体的材料属性,也就是气流渗流速度。在柴油机尾气排量一定的条件下,气流经过过滤体面积越大,

其渗流速度越小。渗流流体力学、渗流速度与排气气流通过方向的压力梯度成正比关系。渗流速度越大,渗流距离越长,排气压力损失也就越大,但是捕集效率却随着渗流速度减小与渗流距离增长变得越高[7]。应综合过滤效率和排气气流阻力的关系,尽可能增大气流流通面积,合理优化渗流距离。

市场上绝大多数壁流式过滤体呈圆柱形,气流沿轴向流通。增大过滤体径向的气流流通面积会造成过滤体尺寸增大,存在许多不良影响:

(1)不便安装。船舶柴油机一般位于机舱内,安装空间有限,直径过大的 DPF 不利于在机舱内安装。

(2)再生难度大。过滤体径向面积过大,容易造成捕集的碳烟颗粒分布不均,难以实现同步燃烧再生,导致温度不均匀,热应力过大,容易损坏过滤体。

(3)再生能耗大。一般碳烟颗粒再生燃烧时从进气口开始,这使得燃烧的热能沿气流方向传递给其他未燃烧的碳烟颗粒,实现燃烧连续性。如果径向面积过大,难以使热量传递。

同样,壁流式过滤体通过增加长度来增加气体流通面积也存在一定的局限性,不仅会减少微孔道的数目,而且对气流流速和颗粒捕集关系产生影响。

6.2.4 过滤体颗粒捕集与再生的关系

当过滤体捕集的碳烟颗粒增多时,会使排气背压增大,影响柴油机的性能指标[8]。DPF使用一段时间后,需要对依附在过滤体中的碳烟颗粒进行清除,使之恢复原始性能。DPF 再生时,燃烧需要大量的氧气,而且气流流速不能过大,以减少热量流失。为了提高再生效率和降低能源损耗,必须控制柴油机尾气流过再生区域时的流速,这就导致再生和捕集不能同时进行。传统过滤体只能在捕集和再生两个阶段选择其一进行工作,不能实现连续再生。

为了解决这一问题,市场上的 DPF 采用的方法有两种:一是需要设计两套过滤体捕集装置,再通过三通阀控制开度,实现再生和捕集两阶段分开连续进行。其缺点是两套捕集装置体积过大,不便安装,而且整个系统的结构过于复杂,维护难度大。二是再生时,关闭DPF 进气通道进行再生工作,而尾气通过旁通阀直接排放。其缺点是不能有效地降低柴油机尾气颗粒物的排放,而且对其他装置也存在不良影响。

6.2.5 解决思路和方法

为了解决在合适过滤体尺寸的条件下,保证过滤体的高捕集效率和低排气阻力问题,并使过滤体捕集和再生同时进行,实现连续再生[9],本书设计旋转式 ACT 结构的过滤体方案,该装置中 ACT 结构提高了捕集效率,同时将整个过滤体划分为多个区域,通过转动使某个区域到特定位置进行再生,而其他区域则继续捕集碳烟颗粒,实现了连续再生。

6.3　DPF 过滤体的单元结构研究

6.3.1　过滤体单元结构的设计

本书将过滤体假设为旋转式壁流式过滤体,并将载体结构设计成由 8 块过滤体单元组成,每块单元呈扇形,单元之间用钢板和涂层相隔,8 块单元组合成一个圆柱形整体,如图6.5 所示。旋转式过滤体气流沿过滤体轴向流通,流通面积是整个过滤体的所有进气孔道壁面面积之和,而传统的通流式过滤体气流沿轴向流通,流通面积是圆柱体表面面积。本书采用壁流式结构,其进、出口孔道是 ACT 结构的孔道,如图 6.6 所示,在保证捕集效率的前提下,可进一步降低排气背压和扩大灰分的容量,提高过滤体的使用寿命[10]。国外学者Weiyong 研究中发现,宽径比 1.2~1.4 的多个捕集器模型中,洁净的 DPF 有更高的排气背压,并且 DPF 的压力损失受碳烟积累量影响不大。

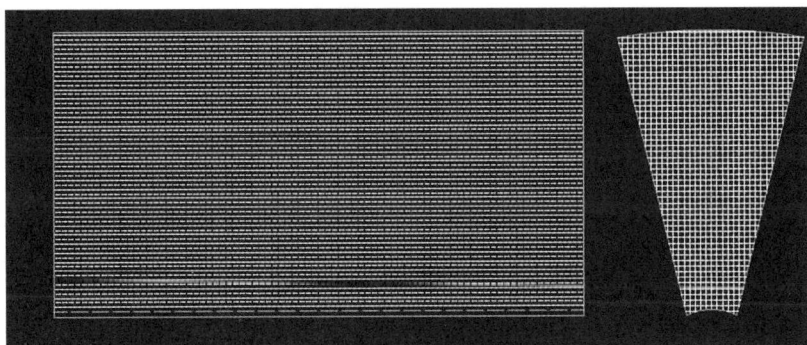

图 6.5　过滤体结构模型

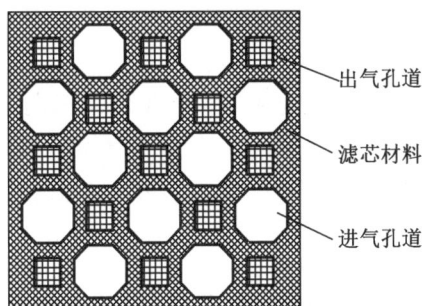

图 6.6　ACT 结构孔道

6.3.2　过滤体再生与结构的关系

如图 6.7 所示,将过滤体整体结构设计成 8 个模块单元,单元间用金属隔板相隔,使微波能量聚集在再生室内的过滤体单元中。对于传统的过滤体再生系统,需要在过滤体进气口处安装微波发射元件,进行加热再生。由于传统过滤体中颗粒物每次再生都需要将微波能量传递到整个过滤体上,这个过程需要消耗巨大的能量。而采用旋转式过滤体,每次只需要加热再生一个过滤体单元,再生完毕后再加热另外一个单元进行再生。过滤体采用步进电机控制,使其转动一定角度,对每个单元的颗粒物进行加热燃烧,实现连续再生。因为每次都是局部加热过滤体,这样能量消耗比较小,仅为原来的1/8。

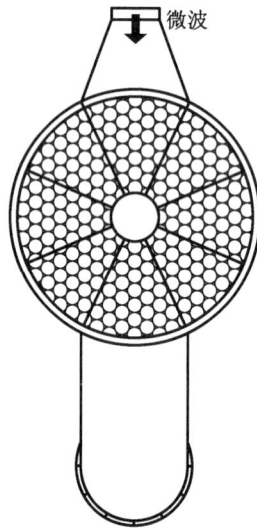

图6.7　过滤体结构截面和微波发射器位置

　　微波加热再生是利用微波选择性地加热碳烟颗粒的特性来对DPF进行氧化燃烧再生的,颗粒物能以60%~70%的效率吸收频率为2~10 GHz的微波。微波具有选择性加热和空间加热的特点,因为陶瓷材料过滤体对微波的吸收能力较差,而颗粒物对微波的吸收能力很强,是陶瓷材料的100倍以上,因此可以使能量集中作用于过滤体中的颗粒物上,降低再生过程能量消耗,延长使用寿命[11]。同时微波具有空间加热的特点,微波能量在过滤体中是空间分布的,再生时是对整个过滤体进行体积加热,过滤体内部颗粒物受热均匀,可以使沉积在过滤体内部的颗粒物就地吸热、着火和燃烧。因此,过滤体内部的温度梯度较小,降低了热应力引起的过滤体损坏的风险,提高了过滤体的可靠性,延长了使用寿命[12-15]。微波具有很强的穿透性,如果不加以束缚容易使微波能量散失,而旋转式过滤体单元的隔板具有束缚微波能量的作用,微波碰到大于波长的金属表面后,会被反射回来,碳烟颗粒就能吸收其能量并加热燃烧,实现微波能量的高效利用。

6.3.3　旋转式ACT结构过滤体的特点

　　旋转式过滤体是针对传统DPF的过滤与再生过程不同步的缺点而设计的,实现了连续再生。相对于传统过滤体而言,旋转式微波再生DPF除了本身具备微波再生的优点外,还具备以下特点:

　　(1)旋转式过滤体每次只有一个过滤单元再生,其他过滤单元处于颗粒物捕集阶段,因而每次再生时只有一个过滤单元对排气背压产生影响,所以排气气流阻力值更低,排气背压更稳定。

（2）传统过滤体只能在捕集和再生两个阶段选择其一进行工作,不能实现连续再生,需要安装再生旁通管道或者多套过滤器系统,这会对其他设备造成严重的影响。而旋转式过滤体能够实现连续再生,再生过程不会对其他部分造成影响,很大程度上降低了故障的发生率。

（3）旋转式过滤体是由 8 个过滤单元组合而成的,在使用过程中若某个过滤单元损坏,只需将损坏的过滤单元进行更换,而不像传统过滤体要整体更新,这有利于降低维护成本,提高经济性。

（4）相对于传统整体式过滤体,旋转式过滤体的每个过滤单元的体积较小,使过滤单元在再生阶段时受热更加均匀,降低了因为温度不均匀而产生热应力裂纹的可能性,使得过滤体的寿命延长。

（5）旋转式过滤体的再生过程是对每个过滤单元逐个进行再生的,与传统过滤体相比能量损耗小,即微波能耗负载低。因此,整个过滤器温度并不高,保证了设备的安全性和可靠性。

（6）进、出口孔道采用的是 ACT 结构,在保证 DPF 外形尺寸的前提下,提高了捕集效率,扩大了灰分容量,降低了排气背压。

6.3.4　旋转式 ACT 结构过滤体关键性问题

旋转式 ACT 结构过滤体是一种结构新型过滤体,还有许多需要研究的问题,如碳烟颗粒捕集特性、碳烟颗粒含量及过滤体内部空间特性、ACT 结构对排气压降特性的影响、过滤捕集和再生关系特征、过滤体结构参数最优化选择等一系列问题,这些问题都是需要数据来说明的。

6.3.5　旋转式壁流式 ACT 结构过滤体单元捕集特征

1.过滤体单元的稳态捕集工作机理

关于过滤体捕集过程模拟研究,应用比较广泛的是全真动态模拟法与模型理论法。全真动态模拟法需要借助计算机模拟软件来完成,但与本书研究的实际情况不符。因此,我们采用模型理论法对旋转式壁流式 ACT 结构过滤体单元进行捕集特征的研究。

如图 6.8 所示,DPF 在稳态捕集工作时捕集方式有 3 种:直接拦截、布朗扩散和惯性碰撞,但这 3 种方式并不是单独孤立的,而是相互作用影响的[16-17]。所以计算捕集效率需要将 3 种方式的捕集效率综合讨论。一般来说,如果将所有捕集系数相加,将会导致综合捕集效率大于 1,显然是不符合实际的。所以研究者普遍采用一种假设,即每个碳烟颗粒只能由某个捕集过程单独捕集。

DPF 的综合捕集系数为

$$K = K_R + K_D + K_I - K_R \cdot K_D - K_I \cdot K_D - K_R \cdot K_I \qquad (6.1)$$

式中　K_R——拦截系数;

K_D——扩散系数；

K_I——惯性碰撞系数。

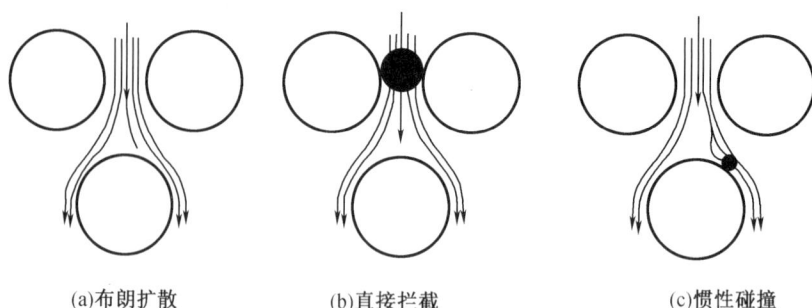

(a)布朗扩散　　　　(b)直接拦截　　　　(c)惯性碰撞

图6.8　3种过滤捕集方式

（1）直接拦截捕集与颗粒物的尺寸大小相关，当颗粒物的粒径等于或大于过滤体的孔道直径时，过滤体就像筛子一样把大粒径的颗粒物拦截下来。直接拦截捕集系数可表示为

$$K_R = d_p/d_c \qquad (6.2)$$

式中　d_p——颗粒物粒径，mm；

　　　d_c——过滤体直径，mm。

可见，颗粒物粒径越大，拦截系数越大，拦截效果越好。

（2）布朗扩散捕集受尾气气流分子热运动的影响，即布朗运动的影响，颗粒物会从低浓度位置向高浓度位置运动，实现扩散捕集。捕集系数如下：

$$K_D = V_0 d_p/Pe \qquad (6.3)$$

式中　V_0——颗粒物的运动速度，m/s；

　　　d_p——颗粒物粒径，mm；

　　　Pe——贝克莱数。

可见，颗粒物的运动速度越快、颗粒物的粒径越大，捕集系数越大；而 Pe 是一个无量纲数值，Pe 值越大，捕集系数越小[18-19]。

（3）惯性碰撞捕集既与颗粒物的粒径、质量有关，又受尾气气流分子热运动的影响，确切地说是受颗粒物的运动速度的影响[20]。当尾气流速较低时，颗粒物与过滤体相遇碰撞而被捕集。惯性碰撞捕集系数可用斯托克斯数表示为[21]

$$Stk = (\rho_p - \rho_g) d_p^2 V_0/18\mu d_c \qquad (6.4)$$

式中　ρ_p——颗粒物密度，kg/m³；

　　　ρ_g——排气密度，kg/m³；

　　　V_0——颗粒物的运动速度，m/s。

斯托克斯数越小，颗粒物惯性越小，越容易跟随流体运动；反之斯托克斯数越大，颗粒物惯性越大，颗粒物运动的跟随性越不明显，发生惯性碰撞的概率越高[22-24]。

2.微粒捕集模型建立

壁流式过滤体主要是通过孔道壁面拦截沉积碳烟颗粒以达到过滤效果的，研究过滤体上的孔道有助于了解捕集过程的各种约束条件。由于壁流式过滤体的所有单元孔道的几何结构相同,为更好地建立研究模型,进行简化整体结构,如图 6.9 所示,对单元孔道模型进行研究,然后推算整个 DPF 捕集过程。

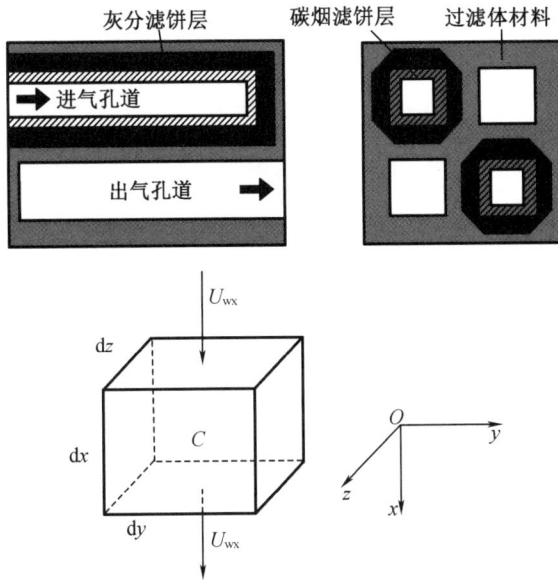

图 6.9　ACT 结构过滤体孔道单元及微孔单元模型

从进气孔道进入到出气孔道需要经过多孔介质,碳烟颗粒就被沉积在过滤载体壁面上。颗粒沉积后被分成两个滤饼层,分别是深层的灰分滤饼层和碳烟滤饼层。

在建立稳态捕集模型之前需要对相关因素进行假设,以减少干扰因素的影响:

(1)假设洁净的过滤体的材料的孔隙率、进口孔道大小和出口孔道大小都相同;

(2)假设气流在 y 轴、z 轴方向上渗流速度几乎为 0,微粒浓度不发生变化;

(3)假设 x 轴方向的渗流速度为定值;

(4)假设微粒被过滤体捕集,不会发生反弹、脱离等其他物理现象。

理论依据:假设(2)中气流在过滤体 y 轴、z 轴方向基本无气流速度。假设(3)中气流在 x 轴方向上渗流速度变化范围很小。假设(4)中,相关研究表明碳烟颗粒中有80%的颗粒物带有电荷,会相互吸引;颗粒捕集过程中,碳烟粒子会发生相互碰撞,产生塑性变形;过滤体渗流速度大于 1 m/s 时,碳烟颗粒会出现脱离依附的情况,而过滤体渗流速度最大才 0.2 m/s,远远小于 1 m/s,符合要求。

3.基于填充床理论的捕集模型研究[25]

假设过滤载体材料的孔隙结构单元是一个理想的圆球形空间,那么其球形空间当量直径为

$$d = \frac{3}{2} \cdot \frac{1-\varepsilon}{\varepsilon} d_{v} \tag{6.5}$$

式中　d_{v}——过滤体材料的孔隙直径。

有数据表明,一般柴油机碳烟颗粒的粒径变化范围为 $10 \sim 1\,000$ nm,即粒径不大于 $1\,\mu m$。尾气气流最大渗流速度不大于 0.4 m/s,气流黏度取值为 2.5×10^{-5} Pa·s,颗粒物堆积密度 $\rho_s = 127$ kg/m^3。

尾气经过孔道壁面的平均渗流速度为[26]

$$v = \frac{Q_V}{4 N a_c L} \tag{6.6}$$

式中 Q_V——柴油机气流体积流量;

   L——过滤体有效长度;

   a_c——过滤体孔道宽度;

   N——过滤体的进气孔道数目。

进气孔道数目与孔道宽度的表达式如下:

$$N = \frac{1}{8} \pi D^2 \sigma \tag{6.7}$$

$$a_c = \sqrt{\frac{1}{\sigma}} - w_s \tag{6.8}$$

式中 D——过滤体直径;

   σ——过滤体孔密度;

   W_s——进口孔道壁面碳烟滤饼层厚度。

将式(6.7)、式(6.8)代入式(6.6)中,化简得到渗流速度为

$$v = \frac{2 Q_V}{\pi L D^2 (\sqrt{\sigma} - \sigma w_s)} \tag{6.9}$$

4.旋转式壁流式 ACT 结构过滤体气流阻力特征

尾气气流流动阻力特征是研究 DPF 排气压力损失的重要关键性指标。DPF 的压力损失必须控制在柴油机尾气排气背压的合理范围内,保证不影响柴油机的正常工作,DPF 不失去其作用[27]。对于气流流动特征,压力梯度是判别流动阻力的关键因素。"压力梯度通常会受到过滤载体材料的孔隙直径和孔隙率以及气流的流速、黏性和密度的影响"[28]。

有研究表明,洁净 DPF 的 ACT 结构的尾气气流流速会随着气体进入过滤体的深度而逐渐减小,气流在孔道尾部的流速几乎为 0。

6.3.6 过滤单元数学模型

1.灰分模型

在 DPF 实现再生后,碳烟颗粒燃烧后残留的无机盐等无机物灰分是无法去除的,只能堆积在 DPF 孔道里,导致 DPF 的性能逐渐变差。假设灰分分布存在两种可能,一是灰分平铺满整个孔道壁面,二是灰分堆积在孔道末端。

灰分分布比值:

$$d = \frac{m_{ac}}{m_a} \tag{6.10}$$

式中 m_{ac}——单孔道壁面平铺灰分的质量分数;

m_a——单孔道总灰分的质量分数。

灰分堵塞长度:

$$L_a = \frac{m_a(1-d)}{D_1^2 \rho_a} \tag{6.11}$$

式中 D_1——进气孔道直径;

ρ_a——灰分密度($325 \ \mathrm{kg/m^3}$)。

孔道壁面平铺灰分的厚度:

$$w_a = \frac{D_1 - \sqrt{D_1^2 - m_a d/[(L-L_a)\rho_a]}}{2} \tag{6.12}$$

孔道壁面碳烟滤饼层厚度:

$$w_a = \frac{(D_1 - 2w_a) - \sqrt{(D_1 - 2w_a)^2 - m_s/[(L-L_a)\rho_s]}}{2} \tag{6.13}$$

式中 L——过滤体有效长度;

ρ_s——碳烟颗粒堆积密度($127 \ \mathrm{kg/m^3}$);

m_s——单个孔道碳烟质量分数。

2. 压降模型

对于非对称孔道 DPF,进、出口孔道的压降也不尽相同,但尾气气流在孔道内都遵循能量守恒和动量守恒。

(1)能量守恒公式:

$$\frac{\partial \rho}{\partial t} + \frac{\partial(\rho u)}{\partial x} + \frac{\partial(\rho v)}{\partial y} + \frac{\partial(\rho w)}{\partial z} = 0 \tag{6.14}$$

式中 u、v、w ——分别是 x、y 和 z 速度方向的分量;

ρ ——空气密度;

t——时间。

$$\frac{\partial}{\partial z}(\rho_{g,1} v_{g,1} A_{F,1}) = -\rho_{g,1} v_w A_{s,1} \tag{6.15}$$

$$\frac{\partial}{\partial z}(\rho_{g,2} v_{g,2} A_{g,2}) = \rho_{g,2} v_w A_{s,2} \tag{6.16}$$

式中 $A_{F,1} = (D_1 - 2w_s - 2w_a)^2$;

$A_{F,2} = D_2^2$(D_2 为出气孔道直径);

$A_{s,1} = 4(D_1 - 2w_s - 2w_a)$;

$A_{s,2} = 4D_2$。

（2）动量守恒公式：

$$\frac{\partial(\rho_{g,1} v_{g,1}{}^2 A_{F,1})}{\partial z} = -A_{F,1}\frac{\partial P_{g,1}}{\partial z} - v_{g,1}(F_1\mu + \rho_{g,1}v_w A_{s,1}) \tag{6.17}$$

简化后为

$$\frac{\partial(\rho_{g,2} v_{g,2}{}^2 A_{F,2})}{\partial z} = -A_{F,2}\frac{\partial P_{g,2}}{\partial z} - v_{g,2}F_2\mu \tag{6.18}$$

式中　$P_{g,n}$——过滤体孔道排气压力，n 分别取 1 或 2，表示进、出口孔道；

　　　F_n——动量传递系数；

　　　m——气流动力黏度；

　　　$\rho_{g,n}$——进、出口孔道排气密度；

　　　v_w——孔壁渗流速度。

壁流式 DPF 的孔隙率：

$$\delta = \frac{V_孔}{V_总} = \frac{V_孔}{V_孔 + V_固} \tag{6.19}$$

式中　$V_孔$——孔隙体积；

　　　$V_固$——过滤材料固体体积。

研究过滤体时一般将其假设为连续的介质模型。流体经过微孔固体时，孔径雷诺数 $Re_p<1$ 时，满足达西定律：

$$\frac{\mathrm{d}p}{\mathrm{d}x_i} = -\frac{\mu}{k}v_i \tag{6.20}$$

式中　p——过滤体气流压力；

　　　μ——气流动力黏度；

　　　k——渗透率；

　　　v_i——过滤体单元 i 方向的渗流速度。

根据达西定律，过滤体两端的压降等于孔道壁厚两端、灰分滤饼层和碳烟滤饼层的压差之和[26]：

$$P = \frac{\mu w_w v_w}{k_w} + \frac{\mu(D_1 - 2w_a)v_w}{k_a}\ln\frac{D_1}{D_1 - 2w_a} + \frac{\mu(D_1 - 2w_a - 2w_s)}{k_s}\ln\frac{D_1 - 2w_a}{D_1 - 2w_a - 2w_s} \tag{6.21}$$

式中　w_w——孔道壁厚度；

　　　k_w——孔道壁面渗透率；

　　　k_a——灰分滤饼层渗透率；

　　　k_s——碳烟滤饼层渗透率。

6.4　壁流式 ACT 结构过滤体结构设计与优化

6.4.1　过滤体整体结构设计

过滤体整体结构可分为 3 部分:金属隔板、再生区域端盖(左、右)和固定结构。金属隔板具有防止微波散失的作用,还能组合过滤体单元成整体结构;金属隔板周围铺设有耐高温保温垫层,具有气密和防止热量散失的作用;并且隔板上装有卡环等固定和密封结构。过滤体整体结构与微波反应室有环形间隙,起密封作用。过滤体的再生区域的左端盖和外壳采用焊接连接,再生区域的右端盖用螺丝和密封板相连,中间轴与金属隔板连接高温轴承,轴孔直径取 40 mm。

结构部件规格具体参数如表 6.1 所示。

表 6.1　结构部件规格具体参数

支架材料	金属板厚度	左、右端盖与外壳间隙	气密垫层
Q235	1 mm	2 mm	2 mm

6.4.2　过滤体长径比确定

有研究表明,随着直径和长度的比值变化,DPF 捕集效率和过滤体气流阻力也发生改变,但是捕集效率对直径和长度的敏感度不高,变化比较微小。而气流阻力却随着直径和长度的比值增加而减小,如图 6.10 所示。所以考虑到安装空间的局限性和更好的再生需求,直径和长度的比值应该不大于 1。

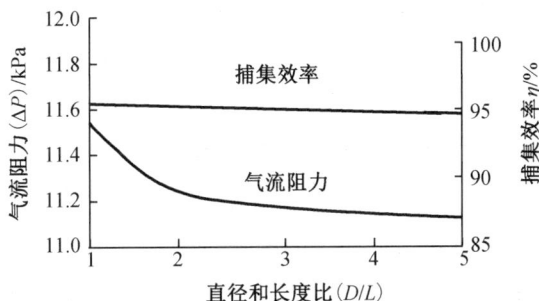

图 6.10　直径和长度比值与捕集效率、气流阻力的关系

从前面的各计算式中计算出的排气流量为 1.15 m³/s,在排气温度为 528 ℃ 条件下,将过滤体排气流量设定为 1.2 m³/s。这是因为排气流量为 1.15 m³/s(<2 m³/s)时,其对应过滤体排气流量规格是 1.2 m³/s。根据康宁公司对过滤体的规格划分情况,可根据气流流量选择合适的直径和长度比值的过滤体类型[29]。此时的过滤体可选用排气流量为 1.5 m³/s 的规格,其直径和长度比值为 1。

6.4.3 确定过滤体外形尺寸

排气气流在壁流式过滤体中经过,颗粒物被拦截沉积在孔道壁面,实现对碳烟颗粒的捕集。孔道壁面的排气流速是影响捕集效率和气流阻力的关键因素。为了计算出合适的过滤体体积,通常利用孔道最大气体壁流速度来计算过滤体体积。考虑到气流阻力和捕集效率的矛盾性,气流排气背压最高应控制在 10 kPa。因为渗流速度越小,捕集效率越高,根据排气气流最大渗流速度不大于 0.4 m/s,可选用渗流速度为 0.1 m/s,此时的过滤效率在 95%以上。

计算数据如表 6.2 所示。

表 6.2 计算出的过滤体部分数据

最大渗流量/(m³/s)	直径和长度比值	过滤体体积/L	过滤部分尺寸/mm
1.2	1.0	16	274×274

为了使过滤体的结构符合本书设计要求,将上述计算结果代入过滤体整体结构中,使过滤工作时 8 个过滤区域每个单元的体积为 2 L,则排气气流通过的每个区域的端面面积为 7 366.83 mm²,计算出过滤体外直径为 314 mm。

6.4.4 优化过滤体结构参数

过滤体中能够优化的结构参数有孔隙率、壁厚、孔道大小、进、出口孔道直径比和微孔直径。其中可以通过调整生产模具改变的参数有壁厚、孔道大小,而且通过改良过滤体的材料配比、制造工艺和烧结成形工艺等都可以实现孔隙率和微孔直径的优化。

ACT 结构的过滤体的压降会随着孔密度增加呈现先减小后增大的趋势,如图 6.11 所示。当进、出口孔道直径比值为 1 时,孔密度为 46.5 cm⁻²,是最优孔密度。但是随着进、出口孔道直径比值的增大,最优孔密度会减小,DPF 的排气背压也随之降低。但在进、出口孔道直径比值为 1.4 时,DPF 排气背压变化并不明显[26,30]。同时在过滤体的生成过程中,每增加一些进、出口孔道直径比值都会提高生产难度。

根据表 6.3 的数据,利用图形分析法,在原有的过滤体参数的基础上进行优化设计。

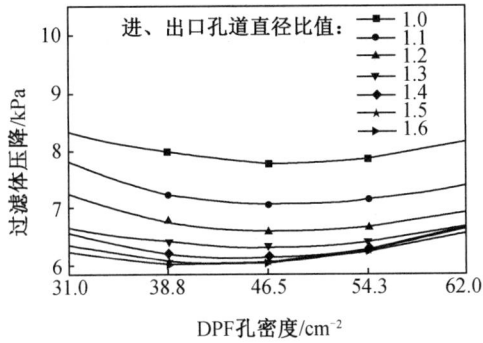

图 6.11　过滤体压降与进、出口孔道直径比值的关系

表 6.3　优化参数范围

孔隙率/%	孔道宽度/mm	壁厚/mm	微孔直径/μm
30~70	0.5~4.0	0.1~0.5	5~20

设计优化区域的边界函数如下：

$$\min \Delta P(L,D,\varepsilon,b,\delta,d_{\mathrm{f}},N,q_{\mathrm{v}})$$
$$n_{\mathrm{f}}(L,D,\varepsilon,b,\delta,d_{\mathrm{f}},N,q_{\mathrm{v}})\geqslant M$$
$$0.3\leqslant\varepsilon\leqslant0.7,0.5\leqslant b\leqslant4$$
$$0.1\leqslant\delta\leqslant0.5,5\leqslant d_{\mathrm{f}}\leqslant20$$

式中　L——长度；

　　　D——过滤体直径；

　　　ε——孔隙率；

　　　b——孔道宽；

　　　δ——壁厚；

　　　N——通道数；

　　　d_{f}——微孔直径；

　　　q_{v}——气体流量。

将边界计算结果分成 16 个区域进行优化准备，如表 6.4 所示。

表 6.4　不同区域待优化参数

区域	孔隙率	孔道宽/mm	壁厚/mm	微孔直径/μm
1	0.3~0.5	0.50~2.25	0.1~0.4	5~12
2	03~0.5	0.50~2.25	0.1~0.4	12~20
3	0.3~0.5	0.50~2.25	0.4~0.7	5~12
4	0.3~0.5	0.50~2.25	0.4~0.7	12~20
5	0.3~0.5	2.25~4.00	0.1~0.4	5~12
6	0.3~0.5	2.25~4.00	0.1~0.4	12~20

表 6.4(续)

区域	孔隙率	孔道宽/mm	壁厚/mm	微孔直径/μm
7	0.3~0.5	2.25~4.00	0.4~0.7	5~12
8	0.3~0.5	2.25~4.00	0.4~0.7	12~20
9	0.5~0.7	0.50~2.25	0.1~0.4	5~12
10	0.5~0.7	0.50~2.25	0.1~0.4	12~20
11	0.5~0.7	0.50~2.25	0.4~0.7	5~12
12	0.5~0.7	0.50~2.25	0.4~0.7	12~20
13	0.5~0.7	2.25~4.00	0.1~0.4	5~12
14	0.5~0.7	2.25~4.00	0.1~0.4	12~20
15	0.5~0.7	2.25~4.00	0.4~0.7	5~12
16	0.5~0.7	2.25~4.00	0.4~0.7	12~20

按照分析法计算出区域最优值分布出现的频率,发现通道宽度为 1.2~1.5 mm 和 2.1~ 2.4 mm 频率最高,结合现代工艺水平,分别取通道宽最优值为 1.35 mm 和 2.25 mm。

同理也可以计算出壁厚的最优分布最多次数的区域为 0.31~0.34 mm 和 0.61~0.64 mm,壁厚最优值取为 0.325 mm 和 0.625 mm。

从捕集模型和气流特征模型可以推导出,气流阻力曲线<孔隙率和微孔直径的最优区域<捕集效率曲线。一般情况下,不同的捕集效率的过滤体的孔隙率和微孔直径的选择范围不同,下面按照 80% 和 90% 的捕集效率选取,如表 6.5 所示。

表 6.5 过滤体结构在 1.15 m³/s 排气流量下的优化参数

过滤效率/%	排气背压/kPa	孔道宽/mm	壁厚/mm	孔隙率	最优孔隙率	微孔直径/μm	最优孔径/μm
80	<5	2.1~2.4	0.31~0.34	0.5~0.54	0.53	9.8~11.0	10.4
80	<5	2.1~2.4	0.61~0.64	0.5~0.58	0.57	12.4~13.3	12.9
90	<10	2.1~2.4	0.31~0.34	0.6~0.62	0.61	6.70~7.20	7.0
90	<10	2.1~2.4	0.61~0.64	0.5~0.52	0.51	11.7~12.7	11.2

计算出孔隙率和微孔直径的最优范围。当过滤效率为 90% 时,气流阻力小于 10 kPa,孔道宽为 2.25 mm,壁厚为 0.325 mm 和 0.625 mm,孔隙率为 61% 和 51%,微孔直径为 8.0 μm 和 11.2 μm,进、出孔道直径比值为 1.4。

6.5 过滤体性能试验

过滤体的性能参数包括捕集效率和压力损失等。一个优秀的过滤体要求有高的捕集效率以保证工作效果,低的压力损失以防止发动机因排气压力过大而造成性能恶化。本节通过对优化后的 ACT 结构过滤体和普通过滤体进行发动机台架试验,检验 DPF 优化前后的捕集效率、压力损失、灰分耐久等。

捕集效率指尾气处理前后的颗粒物浓度差与尾气处理前的颗粒物浓度的比值,用于反映尾气处理效果。捕集效率公式为

$$\eta = \frac{\Phi_1 - \Phi_2}{\Phi_1} \times 100\% \tag{6.22}$$

式中,Φ_1、Φ_2 为尾气处理前后的颗粒物浓度。

由于颗粒物浓度难以直接测量,因此可采用波许烟度进行换算,换算的经验公式为

$$\Phi = 565 \left[\ln\left(\frac{10}{10-B_n}\right) \right]^{1.026} \tag{6.23}$$

式中,B_n 为排气波许烟度值。

在中等负载状态下,捕集效率可用尾气处理前后波许烟度差值与尾气处理前波许烟度值的比值近似代替简化:

$$\eta = \frac{B_1 - B_2}{B_1} \times 100\% \tag{6.24}$$

式中,B_1、B_2 为尾气处理前后波许烟度值。

压力损失指尾气在 DPF 前后的背压差:

$$\Delta P = P_1 - P_2 \tag{6.25}$$

式中,P_1、P_2 为 DPF 前后的背压值。

柴油机瞬态工况下颗粒物主要由碳、可溶性有机物、灰分组成,颗粒物组成示意图如图 6.12 所示。当 DPF 进行再生时,未燃燃油硫化物、未燃机油中所添加的金属和非金属盐会以灰分的形式留在 DPF 中,无法在再生中被清除,长此以往会造成 DPF 背压上升,甚至堵塞。灰分耐久指的是 DPF 对灰分的耐受程度。由于 ACT 结构的优势,ACT 结构过滤体与普通的过滤体相比具有更强的灰分耐久性。过滤体结构对比如图 6.13 所示。

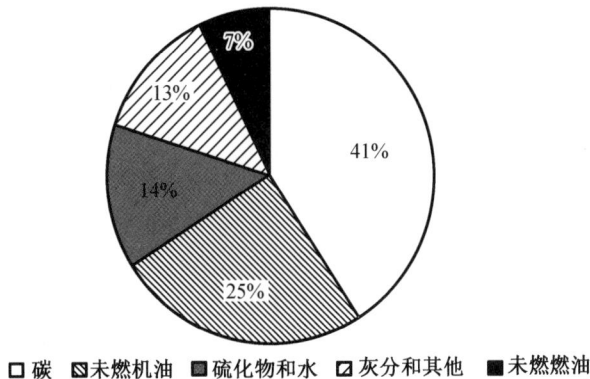

图 6.12　颗粒物组成示意图

6.5.1　试验装置与参数

发动机台架试验组包括发动机、测功机、试验过滤体。试验系统示意图如图 6.14 所示[31]。

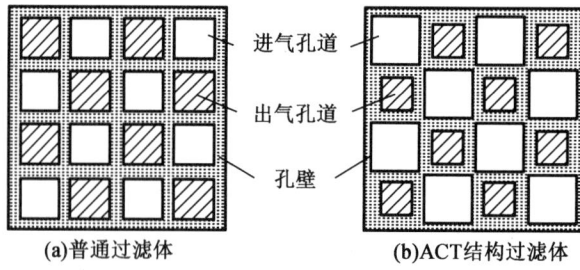

(a)普通过滤体   (b)ACT结构过滤体

图 6.13 普通过滤体与 ACT 结构过滤体结构对比

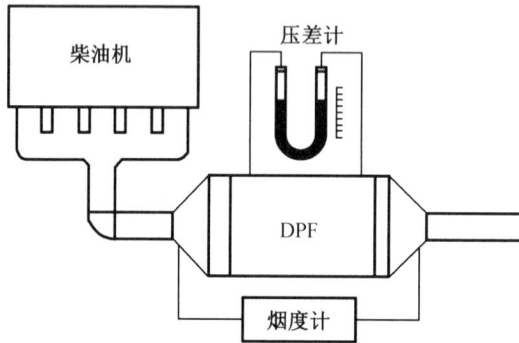

图 6.14 试验系统示意图

试验选用的柴油机为电控的高压共轨六缸涡轮增压发动机,满足国Ⅲ标准排放,发动机的主要参数如表 6.6 所示[32]。

表 6.6 发动机主要参数

柴油机型号	CA6DF3-20E3
厂家	一汽解放无锡柴油机厂
排量	6.7 L
额定功率/转速	147 kW/2 300 r/min
最大转矩/转速	760 N·m/1 400 r/min
最低转速	800 r/min
缸径×行程	107 mm×125 mm
全负荷最低燃油消耗率	≤205 g/(kW·h)
烟度	≤2.0 FSN
噪声	≤95 dB

测功机采用型为 GW250 的电涡流测功机,其工作原理是利用涡电流加磁产生力矩从而实现对发动机加负载,电涡流测功机具有精度高、操作方便、功率大、转速范围广等特点。测功机参数如表 6.7 所示。

表 6.7　测功机参数

名称	精度
湘仪 GW250 电涡流测功机	最大制动功率:250 kW 转动惯量:0.68 kg · W²

ACT 结构 DPF、对照 DPF 参数如表 6.8、表 6.9 所示。

表 6.8　ACT 结构 DPF 参数

项目	参数
载体材料	堇青石
直径/mm	276
高/mm	276
孔密度/cpsi①	200
进口孔道直径/mm	2.25
进、出口孔道直径比值	1.4
孔隙率/%	51
壁厚/mm	0.325
微孔直径/μm	11.2

注:①cpsi 指每平方英寸的孔数。

表 6.9　对照 DPF 参数

项目	参数
载体材料	堇青石
直径/mm	276
高/mm	276
孔密度/cpsi	200
进口孔道直径/mm	2.25
进、出口孔道直径比值	1
孔隙率/%	40
壁厚/mm	0.298
微孔直径/μm	11.2

6.5.2　试验结果与分析

启动柴油机,调节油门,使柴油机的转速稳定在 1 800 r/min 左右,负荷为80%。待柴油机稳定后开始试验。分别对 ACT 结构 DPF 和对照 DPF 进行过滤体背压测试,实时记录 DPF 背压差,试验结果如图 6.15 所示。按时采样记录 DPF 前后烟度差,测量 DPF 捕集效率,试验结果如图 6.16 所示。取第二组过滤体,先进行碳烟加载试验,然后将过滤体放入电炉中 700 ℃加热 30 min,冷却后称重,记录 DPF 灰分残留,灰分堆积对过滤器背压的影响如图 6.17 所示。取第三组过滤体,分别在 0 g/L、5 g/L、10 g/L 灰分量下进行碳烟加载试验,实时记录 DPF 背压差,试验结果如图 6.18、图 6.19 所示。

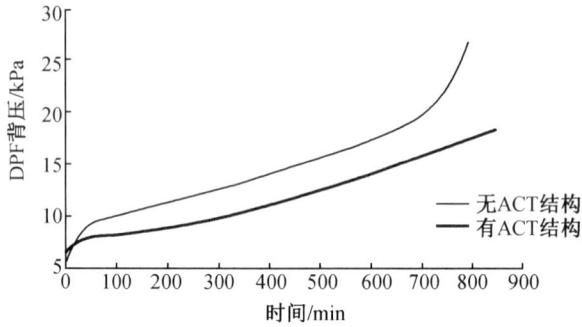

图 6.15　DPF 背压曲线

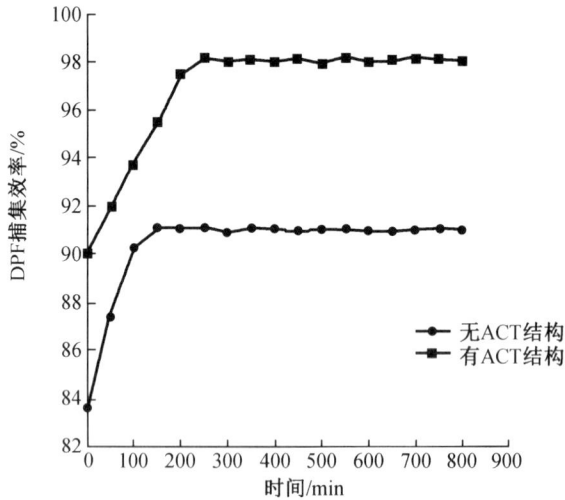

图 6.16　DPF 捕集效率曲线

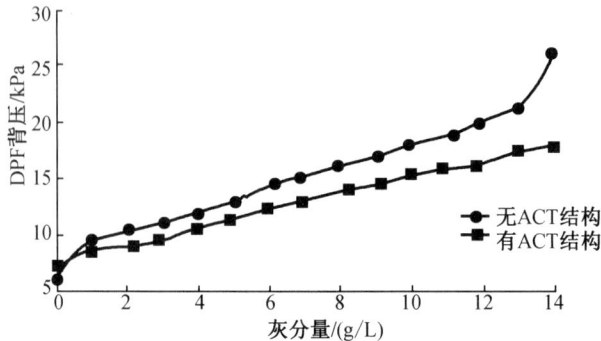

图 6.17　灰分背压曲线

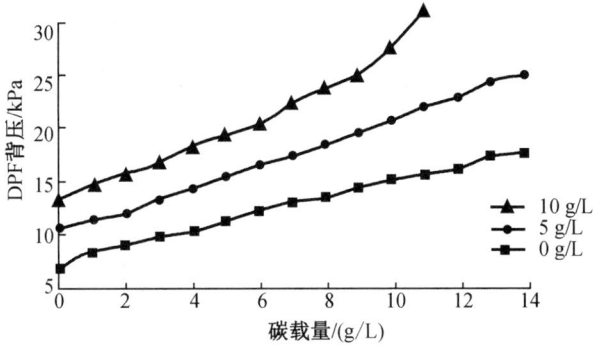

图 6.18　碳载量不同下 ACT 结构 DPF 灰分背压曲线

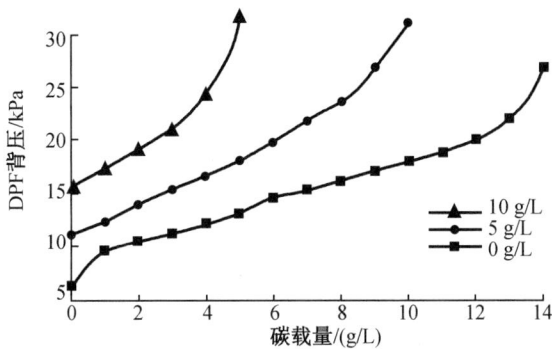

图 6.19　碳载量不同下 DPF 灰分背压曲线

由图 6.15 DPF 背压曲线可以看出,ACT 结构 DPF 与对照 DPF 相比,ACT 结构 DPF 初始背压较大;随着碳载量的上升,DPF 背压先是快速增加,然后按一定速率稳定上升,ACT 结构 DPF 上升速率小于对照 DPF 上升速率;当对照 DPF 背压达到 20 kPa 左右时,对照 DPF 碳载量达上限,随后 DPF 背压快速上升。而 ACT 结构 DPF 背压仍以稳定速率上升,未达到碳载量上限。

DPF 背压分为两个阶段:快速上升的深床捕集和稳定上升的碳烟层捕集。深床捕集阶段主要由 DPF 滤芯壁的微孔进行捕集,颗粒物在滤芯壁的微孔沉积,造成背压快速上升。随着碳烟加载,微孔逐渐被填满,颗粒物在 DPF 孔道上堆积形成碳烟层,碳烟层对颗粒物起阻挡过滤作用。随着碳烟层的加厚,排气压力损失加大,当碳载量达上限时,DPF 背压迅速上升,造成柴油机性能恶化,此时需要对 DPF 中堆积的颗粒物进行清理,即 DPF 再生。

与普通 DPF 对称孔道过滤体不同,ACT 结构 DPF 的孔道是非对称的,进口孔道大于出口孔道,在碳烟层捕集阶段,相同的碳载量下,ACT 结构 DPF 碳烟层更薄,排气压力损失更小,如图 6.20 所示。随着碳烟加载,ACT 结构 DPF 具有更低的压力损失,更高的碳烟容纳能力[33]。

(a)普通过滤体

(b)ACT结构过滤体

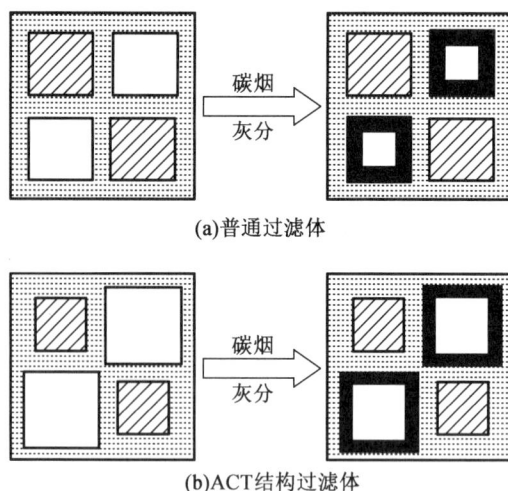

图 6.20　碳烟层示意图

由图 6.16 DPF 捕集效率曲线可以看出,随着碳烟加载 DPF 捕集效率不断上升,最后稳定。普通 DPF 初始捕集效率为 83.7%,最后稳定在 91%。ACT 结构 DPF 初始捕集效率为 90%,最后稳定在 98%。结构优化后的 ACT 结构 DPF,孔隙率、壁厚更能适应大型柴油机,在深床捕集阶段有更高的捕集效率。在碳烟层捕集阶段,ACT 结构 DPF 尾气流动更稳定,形成的碳烟层更致密,因而稳定捕集效率更高。综合来看,改进后的 ACT 结构 DPF 提高了5%以上的捕集效率。

图 6.17 灰分背压曲线反映了 DPF 的老化情况,图 6.18、图 6.19 碳载量不同下灰分背压曲线模拟的是随着 DPF 的使用,灰分在滤芯中堆积后 DPF 的性能。随着 DPF 的不断再生,无法清除的灰分在滤芯中沉积,将影响 DPF 性能。随着灰分的沉积,相同碳载量下,普通 DPF 越快到达碳载量上限,对灰分越是敏感,灰分的耐受程度低。而 ACT 结构 DPF 具有良好的碳烟容纳能力,能容纳更多的灰分而不影响 DPF 性能,拥有更长的使用寿命。

6.6　旋转式尾气再生装置结构分析

传统圆柱状过滤体的缺点是所需微波能量较大、不能连续再生。过滤体整体微波再生如图 6.21 所示。

过滤体分区微波再生的 DPF 弥补了传统过滤体的缺陷(图 6.22)。

对于船舶柴油机,设想降低对平衡过滤体排气阻力、过滤效率与径向尺寸之间的要求,结合传统圆柱状过滤体和分区微波再生过滤体的优势,设计出体积小但捕集效率高的 DPF。该装置的特点如下。

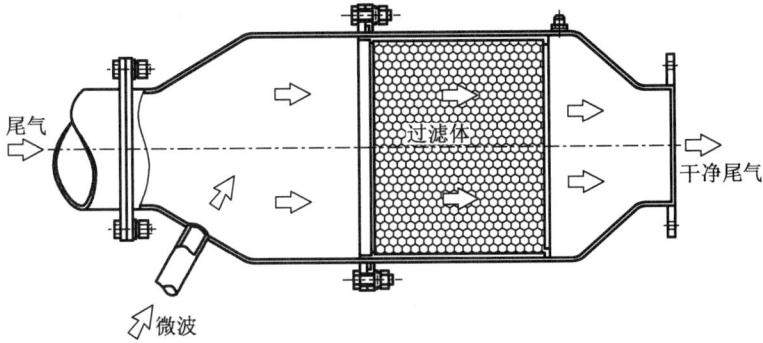

图 6.21　过滤体整体微波再生示意图

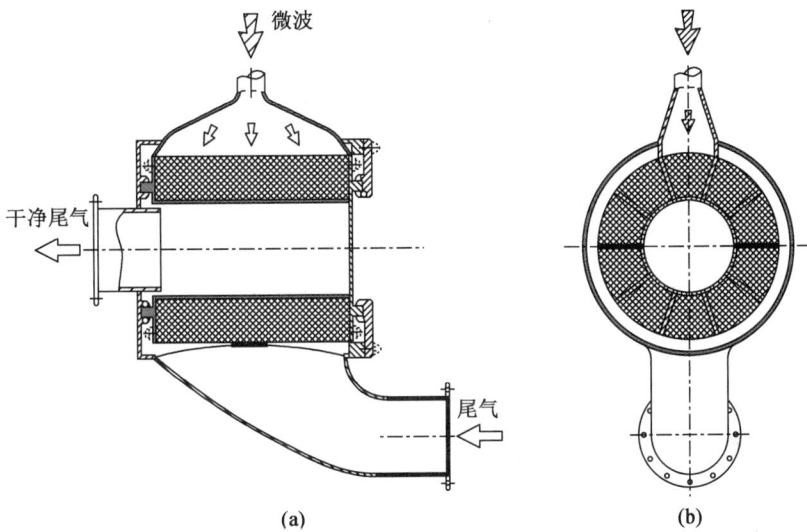

(a)　　　　　　　　　　(b)

图 6.22　过滤体分区微波再生示意图

（1）在直径相同条件下，本装置的过滤体的流通截面积比传统圆柱状过滤体的更大，且流动阻力更小；在相同过滤体直径条件下，本装置的过滤体比传统圆柱状过滤体的流通截面积更大，并且流动阻力更小。传统圆柱状过滤体的流通截面积可以表示为 $S_c = \pi D^2/4$，其中 D 为过滤体直径。而对于分区微波再生 DPF 来说，其流通面积则可表示为 $S_f = \pi DL$，其中 L 为过滤体长度。因此，在相同过滤体直径条件下，DPF 过滤体的直径比 L/D 为 0.8 ~ 2.5，旋转式分区微波再生 DPF 的流通截面积为传统圆柱状 DPF 的 3.2 ~ 10 倍。渗流速度公式可表示为 $v_i = Q/\varphi A$，其中 Q 为通过截面的气体体积流量，A 为渗流截面积，φ 为孔隙度。因此，分区微波再生 DPF 能够使得在相同排气流量和相同过滤体孔隙度的条件下，过滤体内气流的渗流速度和流动阻力更小，但是过滤效率却更高。该设计使颗粒物在过滤体单元上的浓度分布差异更小，能够降低因热应力分布不均而引起的过滤体开裂概率，延长了整个过滤体的使用寿命。维修时只需将损坏的过滤单元更换即可，降低了 DPF 的维修成本[34]。

（2）经过改良设计后的 DPF 再生与过滤过程可以同时进行，再生效率提高了 100%。

与传统间隔再生的 DPF 不同,改良设计后的 DPF 再生与过滤过程互不干涉,DPF 再生时仍可过滤。改良设计后的 DPF 比传统的 DPF 有更小的背压差波动,即 $P_1 > P_2$,对发动机影响更小,如图 6.23 所示。

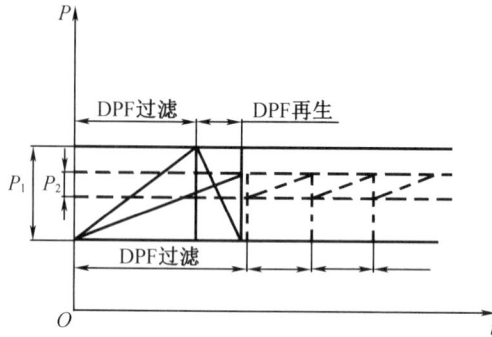

图 6.23　再生示意图

(3)本装置使用过程为船舶尾气进入尾气装置后,尾气中的颗粒物被其中某些区域的过滤体过滤吸收,待某一区域的过滤体的背压达到预定值时则由转动轴转动设定角度至微波再生区域,微波发射器发射微波产生热量,燃烧掉过滤体上的颗粒物,使该区域的过滤体又可以过滤尾气颗粒[35],待其他区域的过滤体的背压也达到预定值时则重复上述过程。由于改良后的 DPF 的过滤体较小,所以颗粒物的浓度分布差异在过滤体上也会更小一些,再生过程中因为加热不均而导致的温度梯度也会更小。

(4)DPF 再生单元的体积仅为整个过滤体体积的 1/8,因此再生过程中所需的微波能量也减少了很多(图 6.24),船舶电网的电力能够满足其要求,无须安装特殊的电力转换装置,减少了微波再生过程中功率消耗较大的问题。

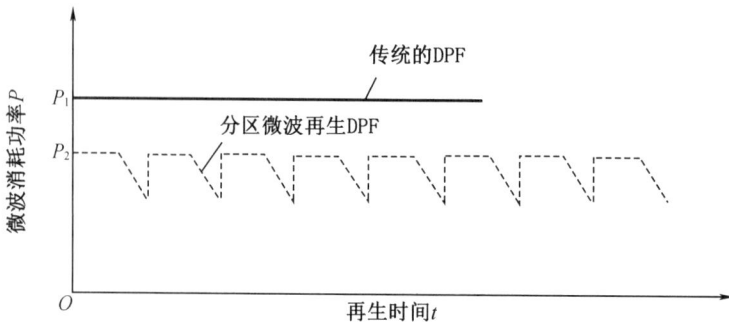

图 6.24　电能消耗对比图

6.7　旋转式 ACT 结构 DPF 微波再生装置控制系统

旋转式 ACT 结构 DPF 微波再生装置控制系统由微波加热再生系统、监测控制系统两部分组成。微波加热再生系统包括微波发射器、背压测试仪、过滤体、金属隔板、转动轴、隔热保护套、电动机、船舶电网;监测控制系统包括尾气压力传感器、尾气温度传感器、控制器、报警器、反馈系统。微波加热再生系统连接原理框图、运行原理框图如图 6.25、图 6.26 所示[36]。

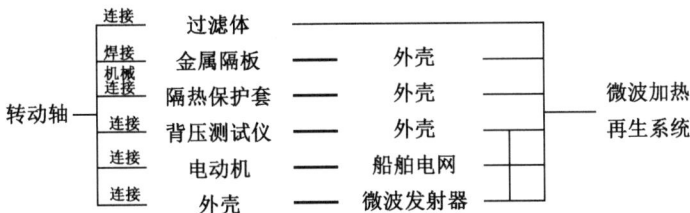

图 6.25　微波加热再生系统连接原理框图

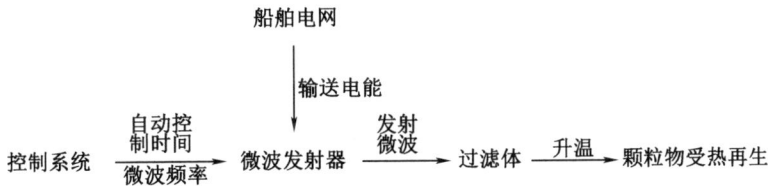

图 6.26　微波加热再生系统运行原理框图

DPF 过滤体的排气背压超过 16 kPa 时,柴油机的性能便开始急剧下降,所以设定排气背压 15 kPa 为是否再生的判定值。ECU 对设置在 DPF 待加热区上的压力传感器发来的信号与预设值进行比较,当背压大于 15 kPa 时,说明 DPF 上沉淀的颗粒物质已经较多,需要启动再生。

ECU 判定 DPF 需要再生后,将指令发出,步进电机开始通过转动轴带动过滤体旋转 36°,将过滤体需要再生的一个过滤单元送入再生腔中,然后步进电机断电。微波发射器通电,接收开始工作的指令[37],微波源发射微波。微波发射器产生的微波通过波导管进入再生腔,过滤体上的颗粒物吸收波能升温,开始再生。当把颗粒物加热到一定温度时,ECU 发出指令,断开开关,停止产生微波。

当 ECU 判定 DPF 需要再生时,另一个再生单元进行再生,依次循环进行。逻辑控制图如图 6.27 所示。

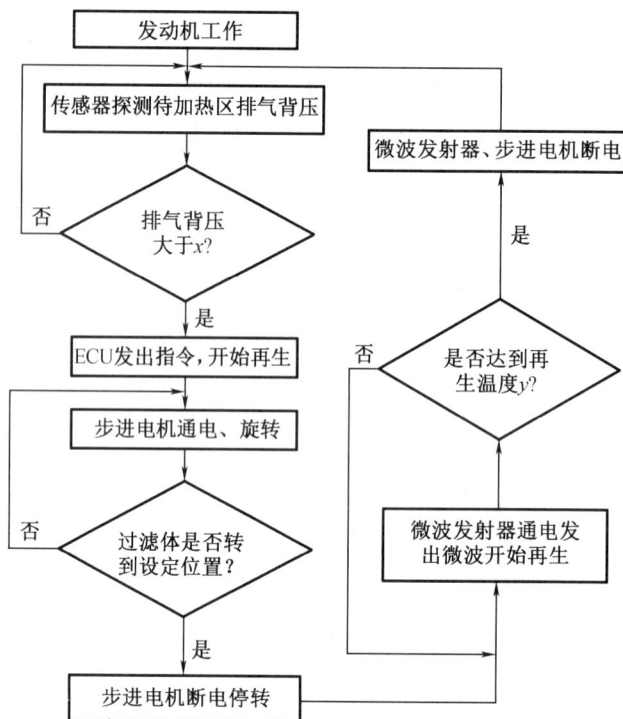

图 6.27　逻辑控制图

参 考 文 献

[1]　李传东.柴油机颗粒捕集器主动再生过程试验研究[D].烟台：烟台大学，2017.

[2]　周敏.重型柴油机颗粒捕集器再生特性研究[D].北京：清华大学，2013.

[3]　石锦芸，孟金来.柴油机微粒捕集器及其再生技术研究[J].农业装备与车辆工程，2008，46(11)：48-50.

[4]　李紫帝.柴油机颗粒捕集器再生仿真和实验研究[D].北京：北京理工大学，2017.

[5]　唐海江.钙钛矿型催化器净化柴油机排气微粒的研究[D].哈尔滨：哈尔滨工业大学，2010.

[6]　仝畅，刘晓日，陈林睿，等.散热参数对 DPF 温度的影响[J].内燃机与动力装置，2018，35(6)：30-34.

[7]　黄飞，肖福明.车用柴油机微粒排放控制综述[J].山东交通学院学报，2006，14(4)：1-5.

[8]　袁艳婷.壁流式柴油车颗粒捕集器(DPF)制备研究[D].贵阳：贵州大学，2019.

[9]　杨立娜.可用于柴油机尾气过滤的莫来石纤维网络结构与性能研究[D].天津：天津大学，2017.

[10]　沈颖刚，吕誉，陈春林，等.非对称孔结构载体对 DPF 及柴油机性能的影响研究

[J].内燃机工程,2018,39(6):31-38.

[11]　姜瑞.非对称孔道 DPF 加载与再生特性数值模拟[D].天津:天津大学,2017.

[12]　王逢瑚,郭秀荣,马岩,等.柴油车尾气微粒捕集器技术研究现状及发展趋势[J].小型内燃机与摩托车,2010,39(1):92-96.

[13]　卢铁敏.基于缸内热能的柴油机颗粒捕集器复合再生技术研究[D].广州:华南理工大学,2018.

[14]　宁智,张广龙,刘军民,等.碳化硅泡沫陶瓷过滤器微波再生特性[J].内燃机工程,1995,16(4):41-47.

[15]　杨阳.柴油机微粒捕集器连续再生特性的数值模拟研究[D].天津:天津大学,2014.

[16]　刘健宁.选择性激光烧结纳米蒙脱土改性聚苯乙烯的实验研究[D].长沙:湖南大学,2007.

[17]　崔意娟.砂型铸造用尼龙芯盒激光快速成型技术研究[D].太原:中北大学,2009.

[18]　薛惠文.柴油机颗粒物捕集器设计与仿真分析[D].秦皇岛:燕山大学,2016.

[19]　周群林.柴油机 DPF 压降、噪声特性及其关键影响因素研究[D].昆明:昆明理工大学,2020.

[20]　杨林,付海明,李杰,等.单纤维对惯性颗粒稳态过滤捕集效率的数值模拟分析[J].东华大学学报(自然科学版),2014,40(3):345-349.

[21]　王志江.栅格型集流器设计在油烟净化中的应用[D].杭州:浙江工业大学,2017.

[22]　高炳,赵自奇.船机废气排放控制的现状分析与对策[J].广东造船,2014,34(4):68-71.

[23]　田华,张钊,陈天宇,等.管排换热器碳烟颗粒沉积分布特性的数值模拟[J].天津大学学报(自然科学与工程技术版),2021,54(8):825-833.

[24]　龚雨饶.某型号油烟净化系统的研究与流程工艺[J].化学工程与装备,2018(6):300-301.

[25]　刘洪岐,高莹,姜鸿澎,等.柴油机微粒捕集器碳载量估计与分布特性研究[J].农业机械学报,2017,48(6):349-355.

[26]　李志军,黄群锦,王楠,等.柴油机 DPF 非对称孔道压降特性及其影响因素[J].内燃机学报,2016,34(2):135-141.

[27]　高莹,张蕾,刘大文,等.柴油机微粒捕集器定工况主动再生条件的试验研究[J].车用发动机,2011(1):46-48.

[28]　李翔,杨冬霞,常仕英,等.轻型柴油机尾气排放后处理技术进展[J].贵金属,2015,36(2):70-76.

[29]　马乔林.轿车用直喷式柴油机的研究现状及前景展望[J].小型内燃机与摩托车,2009,38(4):93-96.

[30]　黄群锦.DPF 灰分分布和非对称结构对其性能影响的研究[D].天津:天津大

学, 2016.

[31] 李振, 姚广涛, 伍恒, 等. 基于GT-Power柴油机颗粒物捕集器泄漏故障仿真与优化 [J]. 军事交通学院学报, 2017, 19(11): 35-39.

[32] 吉喆, 王燕军, 谢琼, 等. 柴油机颗粒后处理技术对颗粒物排放的影响[J]. 环境与 可持续发展, 2016, 41(6): 73-76.

[33] 林俊彦. DPF孔道内流场研究与孔道结构参数优化[D]. 广州: 广东工业大 学, 2018.

[34] 余明果. 柴油机旋转式过滤体DPF设计及再生研究[D]. 长沙: 湖南大学, 2010.

[35] 欧子阳. 重型特种柴油车的尾气净化和DPF电加热再生技术研究[D]. 北京: 北京 交通大学, 2021.

[36] 张磊. 餐厨垃圾处理工程设计及调试运行研究[D]. 石家庄: 河北科技大学, 2019.

[37] 徐孟. 环形微粒捕集器微波再生时机及再生性能影响机理研究[D]. 长沙: 湖南大 学, 2015.

第7章 螺旋电加热双通道 DPF 装置

旋转式 ACT 结构 DPF 微波再生装置中的微波加热利用的是微波在陶瓷过滤体中具有选择加热的特性,仅加热颗粒物而不加热陶瓷滤芯。但考虑到微波加热的电源相对复杂,对电网负荷大,微波再生过程中控制系统复杂,并不适用老旧的船舶加装尾气处理装置,因此提出螺旋电加热双通道 DPF 再生装置。该装置采用电加热再生的形式,由两套 DPF 尾气处理装置并联而成。当一套 DPF 装置再生时,另一套 DPF 装置对尾气进行处理,保证尾气处理装置的连续工作,再生效率达 100%,再生示意图如图 7.1 所示。

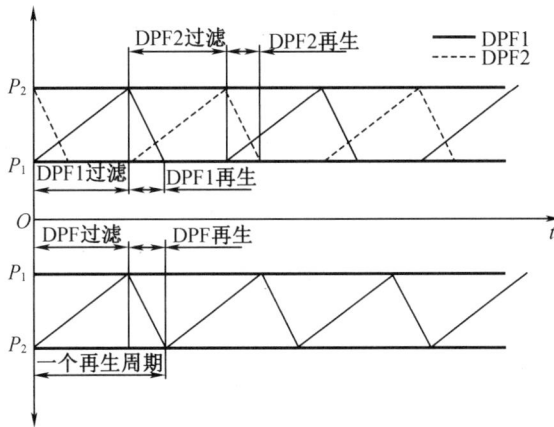

图 7.1 再生示意图

柴油机尾气温度一般为 200~500 ℃,颗粒物的燃点一般为 550~600 ℃,依靠柴油机尾气的温度很难实现 DPF 的再生。为实现 DPF 主动再生,该装置采用电加热再生法。电加热再生方法使用的设备和控制方法相对简单,容易实现 DPF 的再生。然而,当使用该方法再生时,短时间内需要消耗大量电能,并且 DPF 内部加热不均匀,加速了 DPF 的老化。为降低再生能耗,解决 DPF 受热不均问题,螺旋电加热双通道 DPF 再生装置采用 DOC 辅助再生装置和螺旋电加热器。

7.1 DOC 辅助再生装置理论基础

DOC 辅助再生系统一般由两部分组成,包括位于上游位置的 DOC 和一个传统的 DPF。前置的 DOC 不仅可以减少 CO 和 CH 的排放,氧化部分颗粒物,更重要的是还可以将废气中部分 NO 氧化成 NO_2,柴油机正常工况条件下,尾气中 NO_2 在 NO_x 中的比例很小,约为 5%,要想提高尾气中 NO_2 的浓度需要通过专门的装置进行转化,DOC 即可满足要求,在柴油机正常排气温度下,DOC 可以通过氧化 NO 在一定程度上提升 NO_2 的浓度。捕集器再利用 NO_2 的强氧化性,在柴油机正常排气温度条件下,即可与沉积的微粒发生氧化反应,进而实现再生目的。

DOC 基本结构主要由壳体、衬垫(减震层)、载体和催化剂涂层四部分组成,可以同时对排气中的 HC、CO 以及 NO 进行转化。

DOC 壳体通常采用镍铬耐热不锈钢板制成的双层结构,以防止因氧化皮脱落而造成的催化剂堵塞。部分 DOC 外部还设有防护隔热罩,可以减小 DOC 对外界的热辐射作用,同时可避免外界水飞溅对 DOC 的激冷损害。壳体的制造工艺较为简单。

衬垫(减震层)一方面必须起到保护和密封陶瓷载体的作用,另一方面还应该保证在 DOC 工作周期内为其提供可靠的绝热效果。目前,较为常见的衬垫材料为铬镍钢丝和陶瓷,两者相比陶瓷衬垫具有更好的隔热性、隔声性、密封性,是目前绝大多数制造商选择的对象。根据膨胀特性可将陶瓷衬垫分为膨胀衬垫、非膨胀衬垫和组合衬垫三类。膨胀衬垫在第一次受热时,体积即发生明显的膨胀,而冷却时仅收缩 50%,这种特性既保证了载体位置的牢固,同时又具有良好的气密性。非膨胀衬垫因其成分中的蛭石含量较低,受热膨胀量也相应较低。组合衬垫即为前两者的组合形式,可以集合两者的优点,但其加工工艺较为复杂,成本较高。

载体分为三类:颗粒状载体、蜂窝陶瓷载体和金属载体。其中,蜂窝陶瓷载体因其良好的耐热性以及低廉的造价得到广泛应用。蜂窝陶瓷的材料一般选用堇青石,它是一种铝镁硅酸盐,其化学组成为 $2MgO \cdot 2Al_2O_3 \cdot 5SiO_2$,耐热性好,熔点为 1 450 ℃,并在 1 300 ℃ 左右仍能保持足够的弹性,该特性可以大大提高 DOC 的使用寿命。载体截面常见的形状有圆形、椭圆形和跑道形等,与非圆形截面相比,圆形截面的 DOC 内部流场分布更加均匀,同时在抗变形和抗腐蚀等方面更具优势,部分装置因加工工艺上的需要采用非圆形截面载体。

近年来,国内外研究人员对 DOC 催化剂涂层进行了大量的研究,部分成果已经实现产业化。目前,国内外应用得较多的催化剂基本上是由铂(Pt)、钯(Pd)等贵金属组成的,两者的协同作用可以降低尾气中 SOF、CO 和 HC 的排放,对 NO 进行氧化生成 NO_2;这种协同作用在增加活性的同时可以提高催化剂的抗中毒、抗老化能力。

DOC 中由陶瓷材料与以贵金属为主要成分的催化剂制成的过滤体,其工作原理主要是通过催化氧化反应,将一部分 NO 氧化成 NO_2,同时降低柴油机尾气中的 CO、总碳氢化合物(THC)和颗粒物的排放,DOC 转化 CO 和 HC 效率达 50%~90%[1],颗粒物的转化效率达 20%~50%[2],SOF 的转化效率达 90%,可消除 50%以上的碳烟[3]。其工作过程中催化反应包括 5 个步骤,具体如下:

(1)反应物向催化剂表面的外扩散和内扩散。在反应过程中,涂层中的催化剂颗粒往往存在一层滞留膜。反应物的外扩散过程即反应物分子穿过滞留膜到达催化剂颗粒表面的过程。外扩散过程受催化剂颗粒的尺寸、形状,反应物的容积等参数的影响。反应物从催化剂颗粒表面深入到多孔固体的内表面的过程叫内扩散,该过程主要受到催化剂孔径大小的影响。

（2）反应物在催化剂表面的吸附。吸附过程是催化反应进行的前提,一般分为物理吸附和化学吸附两类。由相互不发生反应的分子间的吸引力(如色散力和偶极力)引起的吸附过程被称为物理吸附。化学吸附涉及被吸附的气体分子和吸附表面之间的电子交换和化学键的形成。

（3）被吸附的反应物在催化剂活性成分表面相互作用。

（4）相互作用之后的产物从催化剂表面脱附。

（5）产物离开催化剂表面后通过内扩散和外扩散的形式进入气相主体。

DOC 主要进行式(7.1)至(7.5)5 步氧化反应。DOC 产生的 NO_2 具有强氧化性,当柴油机尾气温度(t_r)为 300~450 ℃时,能将 DPF 中的颗粒物氧化再生,DPF 发生式(7.6)所示的氧化反应。颗粒物在 O_2 中完全氧化需 600 ℃ 以上的高温,而在 NO_2 作用下只需 350 ℃ 就可以被完全氧化成 CO_2,图 7.1 所示为颗粒物被 O_2 和 NO_2 氧化的温度[7]。DPF 通过 DOC 辅助再生能有效降低再生能耗。

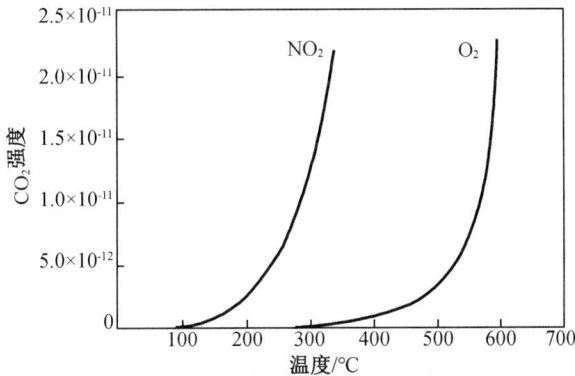

$$SOF + O_2 \longrightarrow CO_2 + H_2O \tag{7.1}$$

$$HC + O_2 \longrightarrow CO_2 + H_2O \tag{7.2}$$

$$NO + O_2 \longrightarrow NO_2 \tag{7.3}$$

$$CO + O_2 \longrightarrow CO_2 \tag{7.4}$$

$$SO_2 + O_2 \longrightarrow SO_3 \tag{7.5}$$

$$C + NO_2 \longrightarrow CO + NO \tag{7.6}$$

图 7.2　颗粒物被 O_2 和 NO_2 氧化的温度

DOC 辅助再生技术的实现,需要解决以下难题:

（1）催化剂对含硫量敏感,柴油的含硫量过高会使 DOC 硫中毒劣化,造成催化剂失活。

（2）柴油机排气温度低,DOC 中的催化剂低温时活性不高。

（3）颗粒物中的炭烟很难被 DOC 催化氧化,如果不采取措施降低炭烟的排放,会造成催化剂载体的 DOC 滤芯堵塞。

7.1.1　DOC 硫中毒劣化

柴油中含硫物质通过柴油机燃烧后,大部分与氧气反应生成 SO_2,随柴油机尾气排出,当 SO_2 通过 DOC 时,在贵金属氧化物催化剂的催化下,SO_2 和尾气中的氧气进一步反应生成 SO_3,之后 SO_3 又与尾气中的水蒸气反应生成了 H_2SO_4,而 H_2SO_4 可与 DOC 中的金属氧化物反应生成硫酸盐等杂质。这些硫酸盐杂质主要覆盖在催化剂表面,阻止催化剂与反应物接触,导致催化剂活性降低或丧失,进而使 DOC 中毒失效,不能正常工作,即 DOC 硫中毒劣化。图 7.3 所示为载体内部结构[4]。

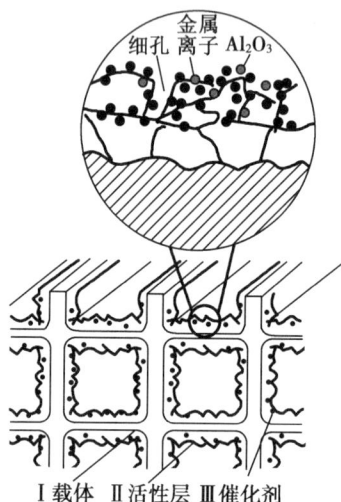

图 7.3　载体内部结构

针对以上 DOC 存在硫中毒劣化的问题,提出在 DOC 前负载氧化铜(CuO)除硫的技术方案。DOC 辅助再生装置示意图如图 7.4 所示。在传统 DOC 的基础上,在 DOC 前端安装 CuO 滤芯,利用 γ-Al_2O_3 多孔载体上的 CuO 与尾气中的 SO_2 和氧气反应生成 $CuSO_4$ 以达到脱硫目的,当 CuO 吸收 SO_2 达到饱和时,可利用甲烷、氢气等还原再生,还原再生后的 Cu 遇到游离的 O_2 氧化生成 CuO,CuO 滤芯可循环使用。

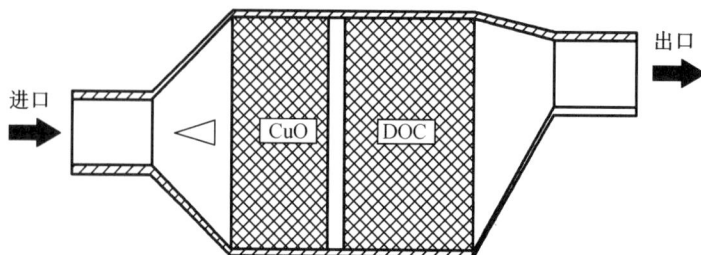

图 7.4　DOC 辅助再生装置示意图

7.1.2　DOC 辅助再生装置工作温度

图 7.5 所示为不同排气温度对污染物转化率的影响[5]。NO 转化率在 200 ℃时为 10%,随后随排气温度的上升而增大;当排气温度为 350 ℃时达到顶峰 60%;之后随气排温度的增高开始下降,排气温度为 500 ℃时,NO 的转化效率只有 20%,这是因为 NO 的氧化反应是可逆的,当排气温度低于 350 ℃时,逆向反应开始起作用,使得 NO 总转化率开始下降。DOC 辅助再生装置最佳工作温度区间为 300~400 ℃。

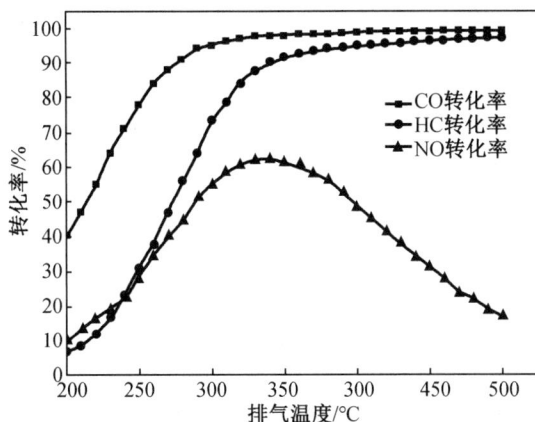

图 7.5　不同排气温度对污染物转化率的影响

图 7.6 所示为温度对脱硫效率影响[6]。$CuO/\gamma-Al_2O_3$ 在 200 ℃活性较低,当温度升至 300 ℃时活性显著提高,400 ℃时活性出现大幅度提升。此时,不仅活性成分 CuO 转化为 $CuSO_4$,部分载体 Al_2O_3 也转化为 $Al_2(SO_4)_3$。因此认为 $CuO/\gamma-Al_2O_3$ 脱硫反应能发挥较佳效果的温度接近 400 ℃。

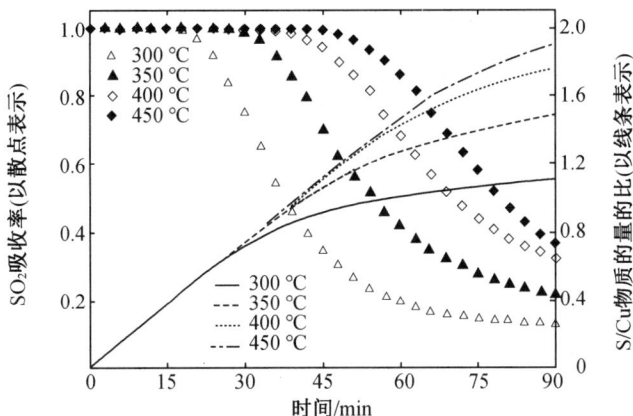

图 7.6　温度对脱硫效率的影响

通过对比 DOC 与 $CuO/\gamma-Al_2O_3$ 的最佳工作温度区间,发现两者相差不大。而 DOC 生成的 NO_2 对 DPF 再生起重要作用,因此将 DOC 的最佳工作温度区间选在 300~400 ℃,在此温度区间内,前级的 DOC 辅助再生装置能避免 DOC 硫中毒劣化,高效地将 NO 转化成 NO$_2$,后级的 DPF 能在 NO$_2$ 的作用下完全氧化滤芯中的颗粒物。因此,DOC 辅助再生装置能有效降低 DPF 的再生效率。

7.2　螺旋电加热器理论基础

电加热再生法是从外部热源(电热丝)吸收热量,加热 DPF 及滤芯中捕集的颗粒物。在颗粒物温度上升到燃点后,通入一定量尾气并停止加热,通过颗粒物的氧化放热来维持再生。由于柴油机为富氧燃烧,柴油机尾气中的氧气质量分数为 6%～18%,基本能够满足再生的需要。

电加热再生法分为 DPF 前端电加热和 DPF 内部电加热两种,如图 7.7、图 7.8 所示。前端电加热的再生方法消耗电量较大,且再生效果不佳;内部电加热的再生方法容易造成 DPF 内部受热不均并加速 DPF 老化。

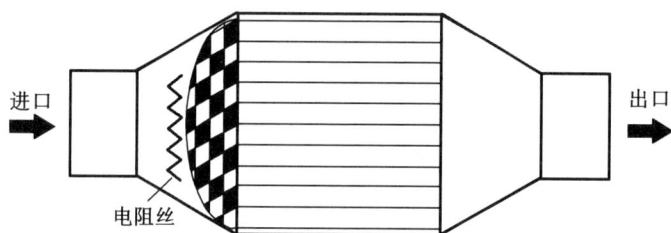

图 7.7　DPF 前端电加热示意图

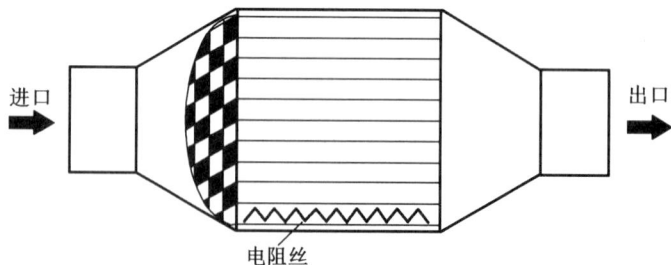

图 7.8　DPF 内部电加热示意图

传统电加热再生法采用的是 DPF 前端电加热的方式。再生时气流沿 DPF 轴线方向流动,再生过程中,DPF 中间的气流流速快、温度高,使得中间部分颗粒物被完全燃烧,而 DPF 四周则会因为温度不够而不能再生,最终造成 DPF 再生不完全。传统电加热再生法再生前后滤芯端面如图 7.9、图 7.10 所示。

电加热再生技术的实现,需要解决以下难题:

(1)电加热再生耗电量大,再生能耗高。

(2)再生时 DPF 内部受热不均匀,加速 DPF 老化。

(3)再生时 DPF 内部气体流动不均匀,再生效果不完全。

图 7.9　传统电加热再生法再生前滤芯端面

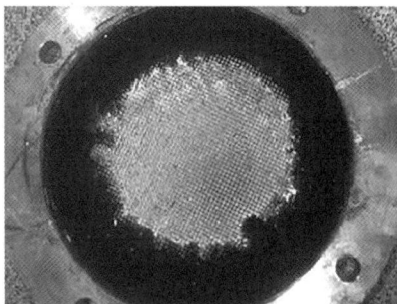

图 7.10　传统电加热再法再生后滤芯端面

电加热再生耗电量大,再生能耗高的问题,可以通过设置 DOC 辅助再生装置解决。针对再生时 DPF 内部受热不均匀和内部气体流动不均匀的问题,在传统前端电加热的基础上,提出螺旋电加热再生法。螺旋电加热器示意图如图 7.11 所示。

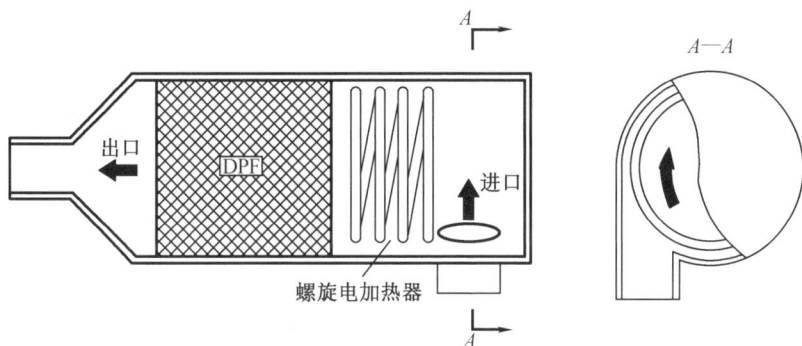

图 7.11　螺旋电加热器示意图

经 DOC 辅助再生装置预处理后的尾气从切向方向进入加热室,沿加热室壁旋转流动,通过螺旋电加热器充分加热后流过 DPF,加热其中的颗粒物,从而实现主动再生。

螺旋电加热器的优点如下:

(1)进气方向由轴向变为切向,使尾气进入加热室后,沿螺旋加热器旋转流动,使流动更加均匀合理。

(2)切向方向进气,避免高速的尾气直接吹到加热管上,而是在加热室的前端减速后再与电阻丝接触,从而提升加热效果。

(3)电阻丝为螺旋型设计,延长了加热室的长度,螺旋流动的气体与电阻丝充分接触,从而增加了尾气加热时间,进一步提升了加热效果。

螺旋电加热器再生过程分加热阶段和燃烧阶段。

1. 加热阶段

调节阀门通入适量尾气,螺旋加热器接入船舶电网后开始升温。经 DOC 辅助再生装置预处理后的柴油机尾气进入加热室后,沿电阻丝螺旋方向流动,与电阻丝充分接触加热。

2.燃烧阶段

当尾气温度达再生温度后,将阀门开度调大,提高尾气的进气量,同时关闭螺旋加热器。DPF中颗粒物周围氧气的浓度增加,且温度满足再生条件,颗粒物在极短的时间内完成氧化。点燃的颗粒物产生大量的热,从而点燃DPF深处的颗粒物,将再生进行到底。

7.3　DOC辅助再生装置的设计

DOC辅助再生装置的设计主要考虑DOC老化问题。DOC老化问题主要包括以下四个方面:

(1)高温失活。DOC只有达到一定的温度时催化剂才能有效地工作。但是,催化剂不能承受过高的温度。当温度过高时,催化剂的反应效率会永久性降低,这一现象也被称为高温老化。催化剂高温失活主要由催化剂成分烧结、DOC烧毁破碎、催化剂间发生反应以及升华而丢失金属导致的。

(2)化学中毒。柴油和机油中的铅、硫和磷等物质,经柴油机燃烧后随尾气排出。这些物质或其化合物会覆盖在DOC催化剂表面,与催化剂发生化合反应,导致催化剂活性下降,这种情况也被称催化剂中毒。

(3)焦化与堵塞。焦化与堵塞是一种物理情况,就是柴油机尾气中的颗粒物或不可燃物覆盖在催化剂表面,导致催化剂和柴油机尾气不能接触,使催化剂失效,这种情况是可以复原的。

(4)振动破坏。船舶在航行过程中,受柴油机运作振动和海面复杂风浪情况的影响,DOC会发生振动,如果处理不当就会造成装置破损。

对于DOC老化问题,有以下三种解决方法。

7.3.1　化学中毒、焦化与堵塞问题

DOC化学中毒分为两类:①气体化合物造成的化学中毒,主要是SO_2造成的化学中毒,可通过在DOC增设负载氧化铜来解决;②固体化合物造成的化学中毒,固体化合物能黏附在催化剂表面并与其反应造成化学中毒,可通过改变装置管道回路来解决。

在参考文献[7]中进行的4万km DOC和DPF老化试验证明,不可燃物对DPF背压的影响可以忽略不计。DPF滤芯由堇青石制成,不与固体化合物反应,也不受其影响。因此,设计装置管道,使其形成回路,先将尾气过滤,去除固体化合物,再通过DOC。装置管道示意图如图7.12所示。焦化与堵塞的物理问题也可通过回路解决,先将尾气过滤再通过DOC,避免颗粒物或不可燃物黏附在催化剂表面上。

7.3.2　高温失活问题

船舶柴油机双通道DPF尾气处理装置是由两套DPF单元组成的。高温高压的柴油机尾气从气缸排出,首先经过废气涡轮,再从排气口通过管道进入尾气处理装置,最后才进入

DOC。尾气推动涡轮做功,损失了部分机械能,再通过管道、DPF 又损失了部分机械能,最后进入 DOC 时温度已下降许多,故无须考虑高温老化问题。

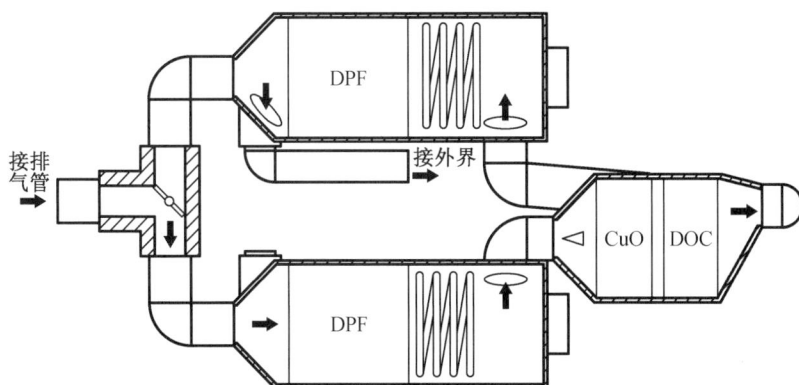

图 7.12　装置管道示意图

7.3.3　振动损坏

通过设计 DOC 壳体与垫层解决振动损坏问题:①DOC 壳体的材料选择要满足壳体强度、刚度的要求,还要耐高温、耐化学腐蚀,一般选择耐热不锈钢材料,并且制成双层结构,这样可以隔热,保证了载体上催化剂反应所需的温度。②垫层(减震层)对易碎的 DOC 陶瓷载体起固定和密封作用,还起一定的绝热作用,保证了催化剂发生化学反应所需的温度。

因为 DOC 中的孔为直通孔,所以滤芯形状对尾气压降的影响较小。DOC 辅助再生装置的外观设计主要考虑两点:①气体流动均匀性,保证尾气充分与 DOC 接触;②尽可能节省空间,以适应船舶机舱狭小的环境。

DOC 辅助再生装置外观如图 7.13 所示。相对扁平的外观设计,以适应船舶机舱狭小的环境。在 DOC 入口处设有锥形导流板,用导流的方法改变管内气流的流动状态,使尾气充分扩散。如果尾气扩散不足会导致 DOC 中间气流流量很大,而 DOC 四周流量较少,从而造成 DOC 外围利用率降低。DOC 内部气流示意图如图 7.14 所示。

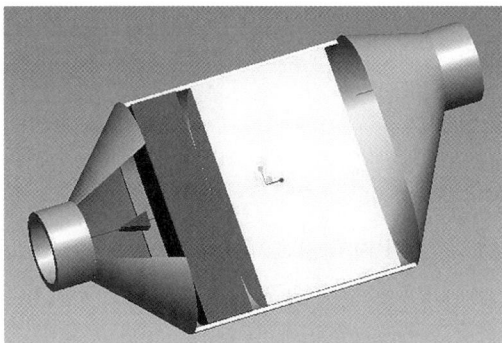

图 7.13　DOC 辅助再生装置外观模拟图

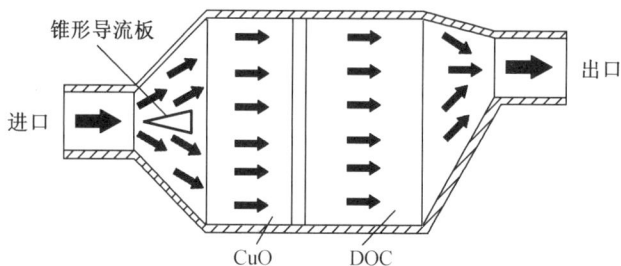

图 7.14　DOC 内部气流示意图

7.4　DPF 单元设计

DPF 单元设计主要考虑颗粒物捕集的问题,即使 DPF 滤芯尽可能多地捕集颗粒物。关于 DPF 单元的捕集效率,需考虑两个方面:①DPF 内部流动均匀性;②DPF 对柴油机背压的影响。

解决 DPF 内部流动均匀性问题,涉及 DPF 单元结构设计。由于 DPF 装置采用的是螺旋电加热再生方式,为避免螺旋电加热器对气体流动的影响,将 DPF 单元设计成首端过滤,尾端再生的形式。DPF 单元结构示意图如图 7.15 所示。

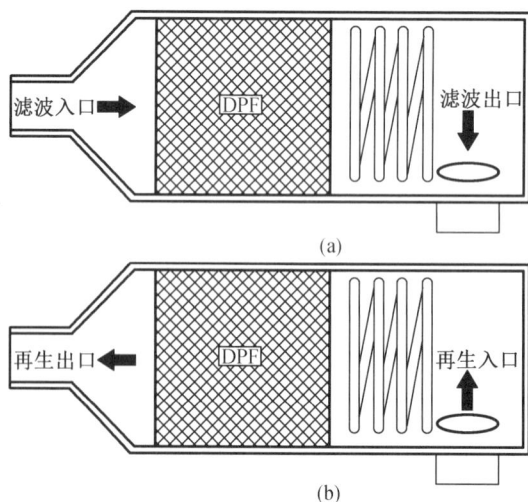

图 7.15　DPF 单元结构示意图

首端过滤,柴油机排气管与 DPF 滤芯之间由扩张管连接,尾气经扩张管后均匀在 DPF 内部流动。柴油机排气管和 DPF 滤芯截面都是圆形,无须导流板。尾端再生,DPF 再生时尾气从尾端切向进入,沿着螺旋加热器流动,保证了 DPF 的再生质量。DPF 单元内部结构示意图如图 7.16 所示。

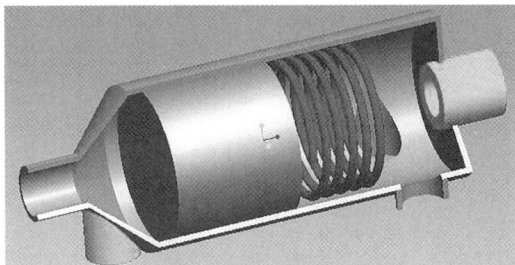

图 7.16　DPF 单元内部结构示意图

在柴油机正常运行状态下,随着排气背压的上升,油耗也会缓慢上升,当排气背压达到 20 kPa 时油耗上升速度加快。在排气背压小于 25 kPa 时,油耗增加较慢。因此,当排气背压上升到一定数值,影响柴油机性能时,就要对 DPF 进行再生。

7.5　螺旋电加热双通道 DPF 再生装置整体设计

7.5.1　装置外观设计

船舶柴油机双通道 DPF 尾气处理装置由两套 DPF 尾气处理装置并联而成。当一套 DPF 装置再生时,另一套 DPF 装置对尾气进行处理,保证尾气处理装置的连续工作。装置外观图如图 7.17~图 7.20 所示。

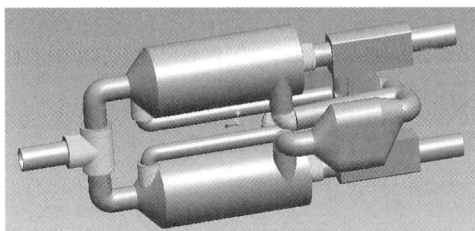

图 7.17　装置外观图

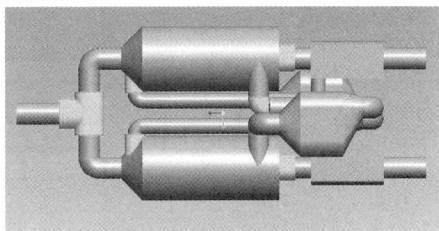

图 7.18　装置正视图

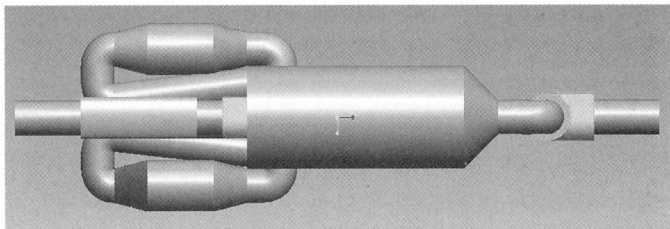

图 7.19　装置仰视图

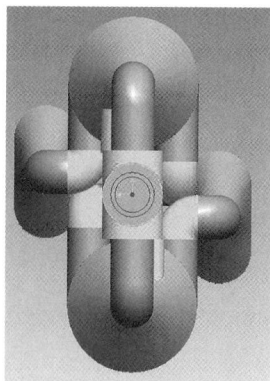

图 7.20　装置左视图

7.5.2　装置结构设计

船舶柴油机双通道 DPF 尾气处理装置结构示意图如图 7.21 所示。装置主要由管道、阀门、DPF 单元、DOC 辅助再生装置组成。

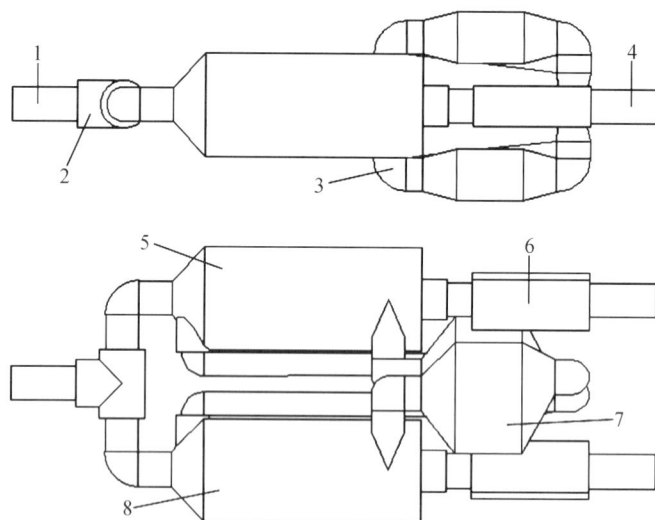

1—进气管;2—三通阀;3—流量控制阀;4—排气管;5—DPF 单元 1;
6—消声器;7—DOC 辅助再生装置;8—DPF 单元 2。

图 7.21　装置结构示意图

1. 管道

管道由进气管、排气管、弯管接头、消声器组成。进、排气管道外部设有隔热棉,阻止尾气向外散发热量,防止机舱温度过高。处理后的尾气经排气管道最后汇入消声器,降低尾气噪声后排出,减少噪声对船员工作生活的影响[9]。消声器结构示意图如图 7.22 所示。

2. 阀门

阀门由三通阀、流量控制阀、喉箍组成。三通阀和流量控制阀采用电磁球阀,通过控制单元发出的电信号改变阀芯位置使管道的通断和流量发生变化,电磁阀反应速度快,控制方式简单。电磁球阀能适应高温高压的工作环境,保证装置长时间运行。阀门与管道间用喉箍固定,装置工作过程中并不会发生较大的冲击,故采用喉箍固定即可。喉箍固定非刚性固定,能有效吸收装置工作过程产生的振动,且喉箍在维修时方便拆卸维护。三通阀、流量控制阀、喉箍结构示意图如图 7.23~图 7.25 所示。

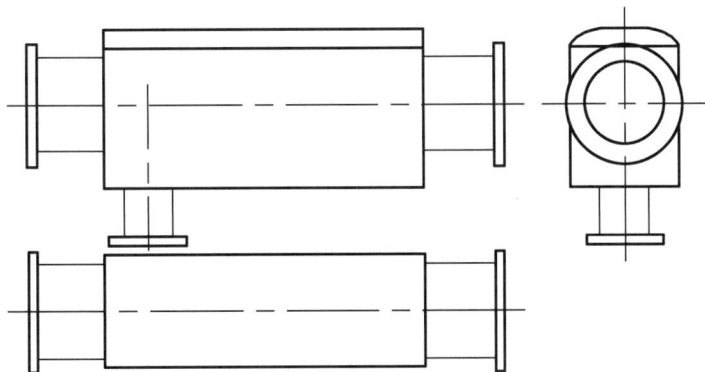

图 7.22　消声器结构示意图

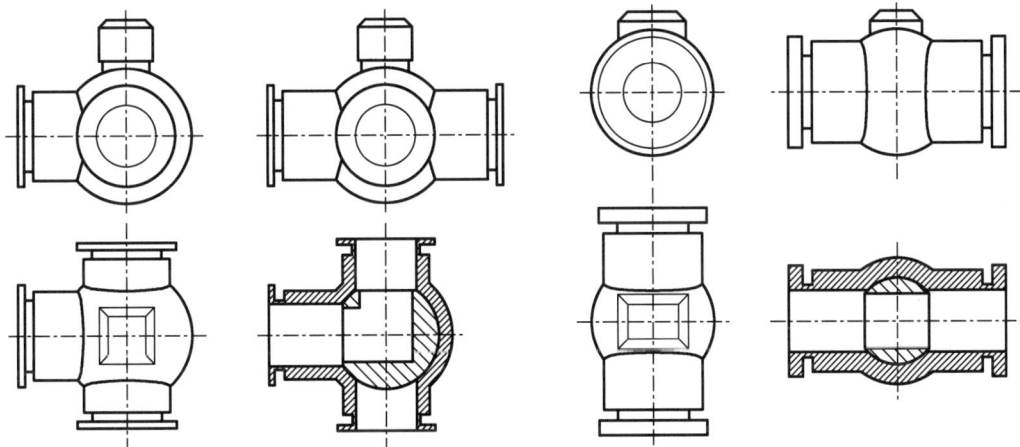

图 7.23　三通阀结构示意图

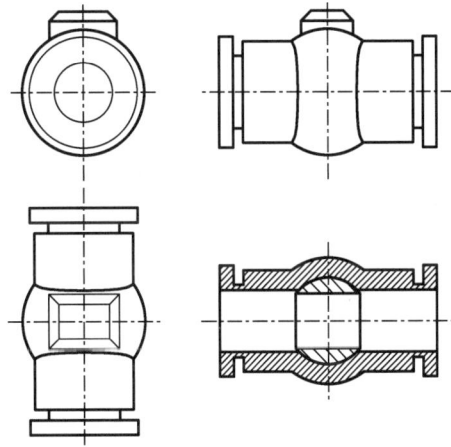

图 7.24　流量控制阀结构示意图

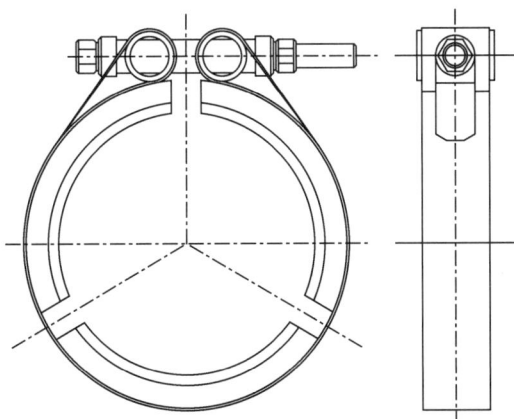

图 7.25　喉箍结构示意图

3. DPF 单元

DPF 单元由扩张管、DPF 滤芯段、加热室、导流室组成,各组件间采用喉箍连接,当 DPF 单元中某一部件发生故障时,能快速更换部件,无须整体拆卸。DPF 单元结构示意图如图 7.26 所示。

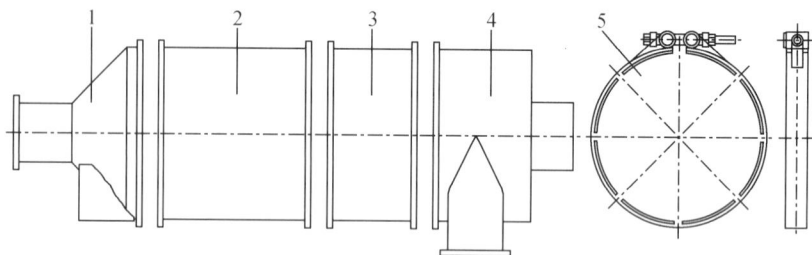

1—扩张管;2—DPF 滤芯段;3—加热室;4—导流室;5—喉箍。

图 7.26　DPF 单元结构示意图

扩张管由双层结构的不锈钢壳体组成,双层不锈钢壳体能有效隔热。尾气经扩张管后均匀流向 DPF 滤芯。扩张管示意图如图 7.27 所示。

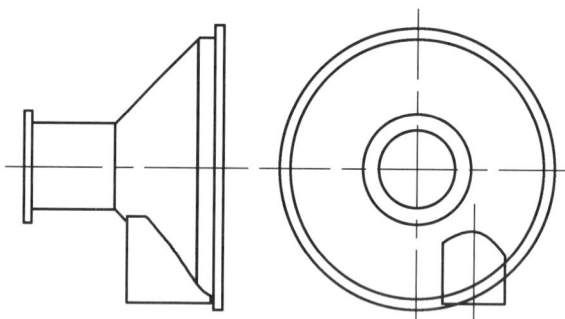

图 7.27　扩张管示意图

DPF 滤芯段由双层结构的不锈钢壳体、垫层、DPF 滤芯组成,垫层起密封固定 DPF 滤芯的作用,同时能对 DPF 滤芯进行保温。DPF 滤芯段示意图如图 7.28 所示。

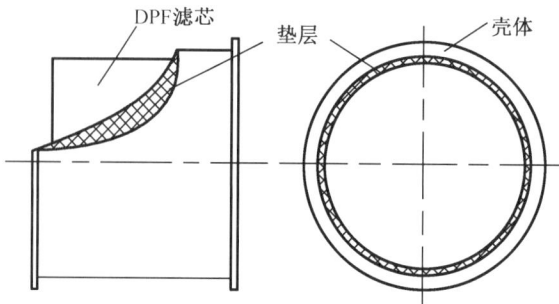

图 7.28　DPF 滤芯段示意图

加热室由双层结构的不锈钢壳体和螺旋加热器组成,将加热装置集成在加热室中,当发生故障时能对其进行快速更换,缩短维修时间。加热室示意图如图 7.29 所示。

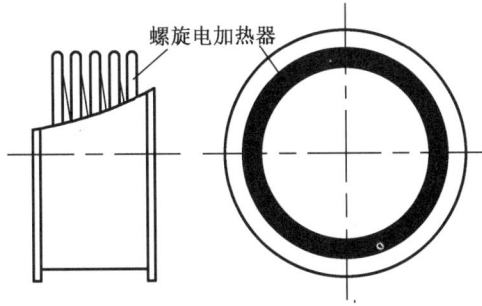

图 7.29 加热室示意图

导流室由双层结构的不锈钢壳体组成,导流室对尾气进行导流,避免尾气直接吹入加热室,保证气体流动的均匀性,提高加热效果。导流室示意图如图 7.30 所示。

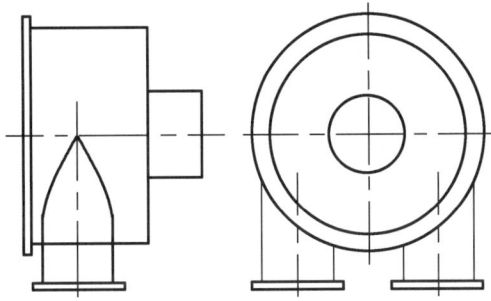

图 7.30 导流室示意图

4. DOC 辅助再生装置

DOC 辅助再生装置由导流管、DOC 滤芯段、DOC 尾管、喉箍组成,各组件间采用喉箍连接,当 DOC 辅助再生装置中 DOC 滤芯段效率减低时,能快速更换部件,无须整体拆卸。DOC 辅助再生装置示意图如图 7.31 所示。

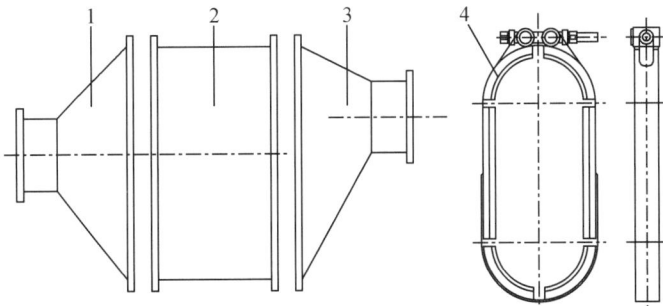

1—导流管;2—DOC 滤芯段;3—DOC 尾管;4—喉箍。

图 7.31 DOC 辅助再生装置示意图

导流管由双层结构的不锈钢壳体和锥形导流板组成,双层不锈钢壳体能有效隔热。尾气经锥形导流板后流向 DOC 滤芯段,锥形导流板能改善气体流动,保证 DOC 滤芯段能被充分利用。导流管示意图如图 7.32 所示。

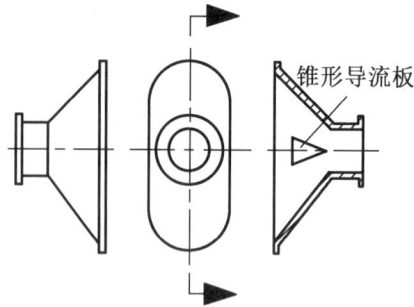

图 7.32　导流管示意图

DOC 滤芯段由双层结构的不锈钢壳体、垫层、DOC 滤芯、CuO 滤芯组成。垫层起密封固定 DOC 滤芯的作用,同时能对 DOC 滤芯进行保温,使滤芯处于最佳反应温度。CuO 滤芯能除去尾气中的 SO_2,延长 DOC 滤芯使用寿命。DOC 滤芯示意图如图 7.33 所示。DOC 尾管由双层结构的不锈钢壳体组成,如图 7.34 所示。

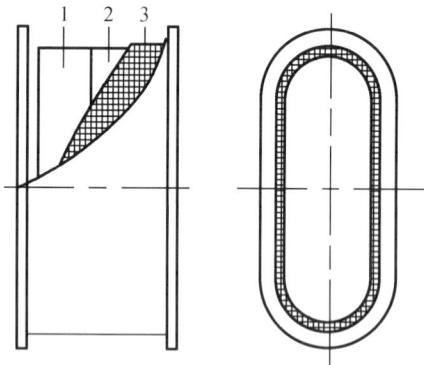

1—CuO 滤芯;2—DOC 滤芯;3—垫层。

图 7.33　DOC 滤芯段示意图

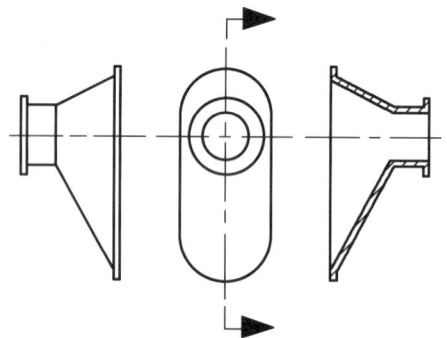

图 7.34　DOC 尾管示意图

7.6　DOC-DPF 尾气处理装置控制系统

DOC-DPF 尾气处理装置控制系统以再生控制单元为中心,实时采集 DPF 积碳状态信息、发动机运行状态信息、尾气状态信息、供油状态信息,利用这些信息对系统进行诊断,同时将这些状态信息发送到上位机监控软件,保存至上位机中[10]。当检测到 DPF 需要再生时,再生控制单元控制计量喷油提温再生。操作人员也可通过操作界面修改系统工作参数,调试系统使其工作在最佳状态。

控制系统主要功能如下：

（1）信号采集系统。控制系统需要获取各路传感器的信号。要控制 DPF 再生就必须控制 DPF 载体中的温度，因此需要采集温度信号；要监控 DPF 载体中的积碳水平就需要知道 DPF 前后的压差，因此也需要采集 DPF 前后压差信号；DPF 再生时需要在 DOC 上游喷入柴油，因此需要采集供油的柴油压力信号；另外，由于 DPF 再生控制系统是与发动机一起工作的，因此需要知道发动机的运行状态信息。

（2）控制器局域网（CAN）总线通信。网络通信大多是基于 CAN 的，因此在安装 DPF 系统以后，为了方便与其他网络节点（如发动机控制单元、标定软件、故障诊断仪等）通信，DPF 控制系统采用了 CAN 通信技术。

（3）DPF 再生控制。当检测到 DPF 需要再生时，系统会自动控制 DPF 再生，整个再生过程较为复杂，需要制定控制策略自动控制 DPF 再生的启动、再生过程的温度、再生的结束。

（4）DPF 系统在线监控与测试。在 DPF 再生控制系统开发过程中，需要做大量的测试来调试系统，这些测试都需要开发人员和标定人员参与，因此需要设计人机交互界面来实现操作人员和下位机之间的信息交互，并且能够通过界面保存状态参数，以便用于后续分析。

（5）DPF 系统工作参数标定。电控单元的参数更新和程序更新是独立的，参数的管理更新通过标定软件来实现。因此，为了方便标定人员调试系统，需要提供人机交互界面，用于在线修改控制单元中的系统工作参数，也需要制定标定界面和底层控制单元之间工作参数的传输协议即标定协议。

（6）故障诊断。DPF 系统的工作环境复杂，故障诊断系统需要实时监控各部件的工作状态，一旦出现故障，就要做出相应的响应。同时故障诊断系统还要对出现的故障进行管理，故障诊断仪或者诊断软件能够通过诊断接口读取 DPF 系统的故障信息，以便维修人员快速确定故障位置和原因。

DOC-DPF 尾气处理装置的控制系统对 DPF 再生时机即过滤体累积颗粒物后需要再生的时刻的控制十分重要，再生时机决定着再生系统何时开始工作。再生时机的确定依据是 DPF 中颗粒物的累积量。DPF 再生可以分为周期性再生和连续再生，周期性再生需要对再生时机进行判断，适时进行再生。对于不同的再生技术，再生时机的选择也有所不同。对于热再生技术，因为颗粒物需要参与反应，会对再生过程和过滤体的热冲击产生直接的影响，所以对于颗粒物累积量的控制精度要求较高。

随着 DPF 技术的发展，出现了多种再生时机判断方法，但是其实质都是检测过滤体内的颗粒物累积量，只是检测的手段不同。主要有以下几种常用的再生时机判断方法[11]：

（1）排气颗粒物测量法。测量过滤体中颗粒物累积量最准确的方法是称量过滤体过滤前后的质量差。由于过滤体在低温时含有水分，会影响称量的结果，根据我国颁布的相关标准，过滤体称量时的温度应在 120 ℃以上，以蒸发水分，保证过滤体中颗粒物质量测量的准确性。但直接称量过滤体显然不适于实际应用，需要通过间接方法测量。虽然在实际应用中无法直接测量过滤体的质量变化，但可以通过微粒传感器来间接测量。DPF 中捕集到的颗粒物具有导电性，颗粒物累积量的变化会引起绝缘材质导电性的变化，微粒传感器正是利用了这一原理。该传感器主要由一个陶瓷套管构成，在其两端各自安装有一个电导环，在陶瓷套管内安装一个加热棒用于去除陶瓷套管内所捕集到的颗粒物，以达到再生传感器的目的。为了便于安装在排气系统中，该传感器外形尺寸与目前市场上所用的氧传感器类似。当陶瓷套管中的颗粒物被清除掉以后,两个电导环之间的阻值将变成无穷大;随着陶瓷套管中颗粒物的增加,两个电导环之间的阻值将逐渐减小。由于碳烟颗粒物在传感器上的分布不均,微粒传感器在实际应用中仍然难以真实地反映 DPF 中颗粒物的捕集情况。但微粒传感器可以与其他再生时机判断方法相匹配,作为 DPF 系统车载自诊断系统(OBD)的传感器。

(2)发动机工况监测法。发动机工况监测法是通过监控发动机的工况,间接确定颗粒物的排放量,并根据 DPF 系统的过滤效率,实时计算过滤体中的颗粒物累积量,从而确定再生时机。该方法的前提是必须事先测取某一柴油机在不同工况下的颗粒物排放量,制定颗粒物排放表,计算出颗粒物随时间的沉积量。发动机工况监测方法需要对发动机的转速与喷油量等进行监测,并且还需要有氧传感器根据颗粒物的排放量做出修正。这种方法标定工作量大,同时随着发动机的使用,还需要根据发动机自身的劣化进行修正。

(3)定过滤条件判断法。定过滤条件判断法主要包括定油耗、定时间以及定行驶里程等方法。为了再生的安全性,一般以最大的颗粒物排放工况进行标定。此类方法受发动机工况影响较大,对过滤体内颗粒物的累积量控制精度较差,一般适用于再生时机选择范围较宽的再生方法或定工况运行的发动机。同时,此类判断方法还可与其他再生判断方法相结合,消除单一判断方法的局限性,提高再生时机判断的准确性,此外也可作为 DPF 系统 OBD 诊断的依据之一,减小误判。

(4)排气背压监控法。利用排气背压判断再生时机是最为广泛的一种控制方法,其理论依据是排气背压与颗粒物累积量存在一种对应关系。这种控制方法的最大优势是排气背压容易测量,而且可以通过排气背压的实时变化,反映过滤体内颗粒物累积量的变化规律。该方法不仅可以作为再生时机判断的依据,还可以检测过滤体工作状态,为实施 DPF 的故障诊断提供数据。在实际应用中,排气背压除了与颗粒物的加载量相关外,还受到发动机工况的影响,因此需要实时监控发动机的工况。一般的方法是采集发动机的转速、负荷信号。由于发动机负荷的变化难以在实际运行过程中测量,也可采用排气温度代替负荷信号以提高控制的准确性与实用性。排气背压监控法需要在一定的颗粒物累积量下进行发动机转速、排气温度与排气背压的标定。在发动机处于过渡工况时,由于排气流速变化剧烈,排气背压的数据与稳态工况存在较大差距,进一步加大了标定的工作量与控制的难度,因此存在一定的局限性。

以排气背压监控法为例,说明 DOC-DPF 尾气处理装置的控制系统。DOC-DPF 尾气处理装置由 DOC 滤芯与 DPF 滤芯组成,DOC 滤芯安装于尾气处理装置的前段,DPF 滤芯安装于尾气处理装置的后段(图 7.35)。DOC 前位点 1 处和 DPF 后位点 2 处设有压力传感器,装置尾端设有尾气分析装置。

7.6.1 压力传感器

压力传感器采用差压式,以不锈钢隔离膜片的 OEM 作为信号测量元件,并经过计算机自动测试,用激光调阻工艺进行了宽温度范围的零点和灵敏度温度补偿。放大电路位于不锈钢壳体内,可将传感器信号转换为标准电信号,抗干扰、过载和抗冲击能力强,温度漂移小,稳定性高。

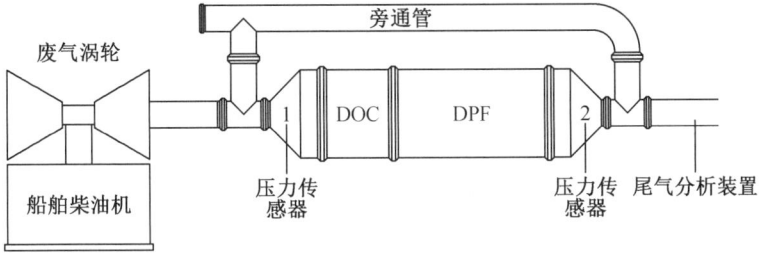

图 7.35　DOC-DPF 尾气处理装置控制系统示意图

压力传感器是在单晶硅片上扩散一个惠斯通电桥,DOC 前位点 1 处和 DPF 后位点 2 处尾气压差使桥壁电阻值发生变化,产生一个差动电信号,此信号经处理电路转换成标准电信号传入控制单元。压力传感器电路示意图如图 7.36 所示。

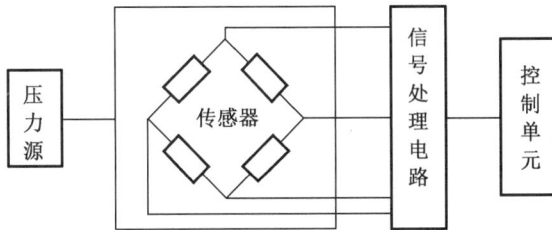

图 7.36　压力传感器电路示意图

7.6.2　尾气分析仪

尾气分析仪结合了紫外差分光谱气体分析技术、非分光红外气体分析技术及长寿命电化学传感器技术,可同时在线监测船舶排放废气及废气处理工艺过程中的 SO_2、NO_x、CO、CO_2、HC、O_2 等多组分气体体积分数。分析仪由以下三部分组成:

(1)预处理单元:采用抽气能力为 6 L/min 的德国 KNF 采样泵为系统提供样气的输送动力;采用一级过滤精度为 5 μm 的 TF3000 过滤器,过滤样气的同时分离样气中的液态水;采用一台电子冷凝器,内含 2 个蠕动泵,输出样气露点≤5 ℃,去除样气中含有的气态水;采用一级过滤精度为 0.1 μm 的精密过滤器作为样气进入分析仪表前的最后一级过滤元件,保证样气达到分析仪表使用要求。

(2)系统控制单元:采用主流可编程逻辑控制器(PLC)作为核心控制元件,欧姆龙中间继电器作为输出元件,自动完成采样、排水、故障处理等操作。

(3)气体分析单元:可根据客户监测需求选配不同的气体分析技术,包括紫外差分光谱气体分析技术、非分光红外气体分析技术、长寿命电化学传感器技术,实现 SO_2、NO_x、CO、CO_2、HC、O_2 等多组分气体体积分数的在线监测。

7.6.3　装置控制逻辑

DOC-DPF 尾气处理装置控制电路示意图如图 7.37 所示。检测装置前后排气背压值。当背压值达预设值时,尾气压差产生一个差动电信号传入控制单元,控制单元发出指令到三通阀,旁通管打开,尾气从旁通管排入大气中,避免柴油机因排气背压过大造成损坏;同时发出警报,提醒及时清理 DPF 滤芯。

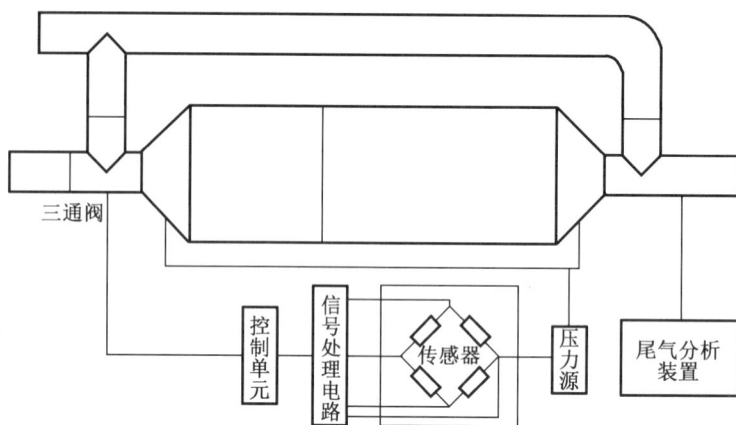

图 7.37　控制电路示意图

尾气分析仪在线监测船舶排放废气及废气处理工艺过程中的 SO_2、NO_x、CO、CO_2、HC、O_2 等气体体积分数,当气体体积分数升高达预设值时发出警报,提醒及时清理 DOC 滤芯。

7.7　螺旋电加热双通道 DPF 再生装置控制系统

船舶柴油机螺旋电加热双通道 DPF 尾气处理装置再生示意图如图 7.38 所示。

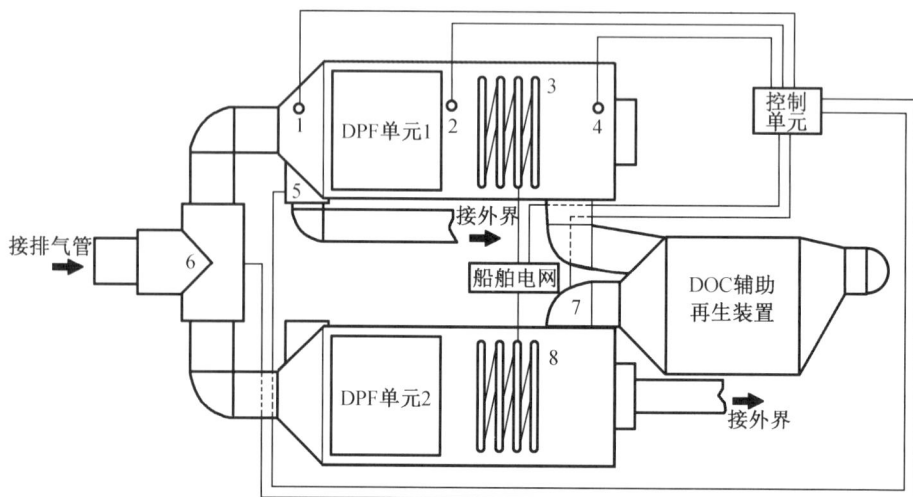

1,4—压力传感器;2—温度传感器;3,8—螺旋加热器;5,7—通阀;6—三通阀。

图 7.38　装置再生示意图

船舶柴油机双通道 DPF 尾气处理装置再生分为三个阶段:加热阶段、再生阶段、检测阶段。装置再生逻辑图如图 7.39 所示。

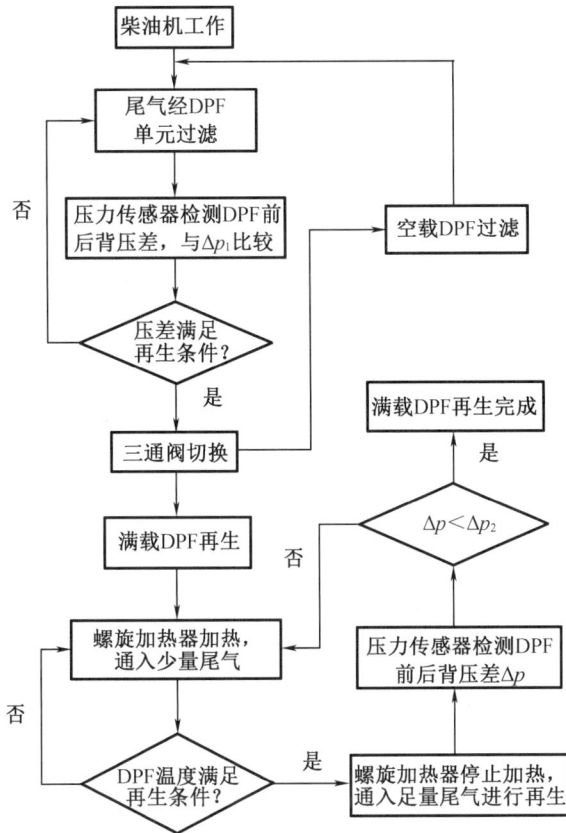

图 7.39　装置再生逻辑图

7.7.1　加热阶段

如图 7.38 所示,DPF 单元 1 前后的压力传感器 1 和 4 发出的信号传入控制单元,与单元中预设值进行比较,当信号差值达到一定值 Δp_1 时,说明 DPF 单元 1 上捕集的颗粒物积累足够多,DPF 单元需再生。

控制单元判断装置准备再生时,发出指令至三通阀 6、通阀 5 和 7、螺旋电加热器 1 和 8。

三通阀 6 转动,DPF 单元 1 与柴油机排气管断开,进行 DPF 再生;DPF 单元 2 与柴油机排气管接通,进行尾气过滤。

通阀 5 打开,DPF 单元 1 与排气管相连。通阀 7 打开一定角度,将 DPF 单元 2 过滤后的尾气引入 DOC 辅助再生装置 1。

螺旋电加热器 1 和 8 接通船舶电网,使 DPF 和 DOC 温度稳定提高。

7.7.2　再生阶段

当控制单元检测到设置在 DPF 单元 1 后的温度传感器 2 的信号达到设定值时,说明 DPF 单元 1 达再生温度,可进行再生。

控制单元判断装置进行再生时,发出指令给通阀 7、螺旋电加热器 1。

通阀 7 完全打开,通入足量的尾气,使 DPF 中的颗粒物充分燃烧。螺旋电加热器 1 与船舶电网与断开,停止加热。

7.7.3 检测阶段

DPF 单元 1 前后的压力传感器 1 和 4 发出的信号传入控制单元,与单元中的预设值进行比较,当两者的差值降低至值 p_2 时,说明 DPF 单元 1 上捕集的颗粒物清除完全,DPF 单元 1 再生完成。

控制单元判断装置再生完全,发出指令给通阀 5 和 7、螺旋电加热器 8。

通阀 5 和 7 关闭,装置管路恢复;螺旋电加热器 2 断开电源,停止加热。

若控制单元对设置在 DPF 单元 1 前后的压力传感器 1 和 4 发出的信号与预设值进行比较,两者的差值为 $\Delta p(\Delta p_2 < \Delta p < \Delta p_1)$,说明 DPF 单元 1 上捕集的颗粒物清除不完全,需继续再生。装置重复上述步骤,直至 $\Delta p \leqslant \Delta p_2$,再生完成。

当 DPF 单元 2 背压差达到预设值时,装置重复上述步骤进行再生。一套 DPF 装置再生时,另一套 DPF 装置对尾气进行处理,保证尾气处理装置可连续工作。

参 考 文 献

[1] 周龙保.船舶柴油机学[M].北京:机械工业出版社,2012.

[2] 刘恒语.壁流式微粒捕集器连续再生特性研究[D].长沙:湖南大学,2012.

[3] 刘兵,雷良育,许广举,等.柴油机燃烧颗粒物的生成机理与排放特性研究[J].盐城工学院学报(自然科学版),2017,30(2):7-10.

[4] KITTELSON D B. Engines and nanoparticles[J]. Journal of Aerosol Science,1998,29(5/6):575-588.

[5] PRASAD R,BELLA V R. A review on diesel soot emission,its effect and control[J]. Bulletin of Chemical Reaction Engineering & Catalysis,2010,5(2):69-86.

[6] 赵明哲.基于船舶废气排放控制对策的监管体系研究[D].大连:大连海事大学,2013.

[7] 冯志宝.《内河船舶法定检验技术规则》新旧版本的差异[J].江苏船舶,2004,21(6):28-30.

[8] 杨耀光.机动车排气污染物检测设备发展对节能减排的促进作用[J].汽车维修与保养,2014(11):75-79.

[9] 刘祖菁.缸外二次燃油喷射式 DPF 再生控制系统研发[D].南京:东南大学,2015.

[10] 姜大海.车用柴油机微粒捕集器喷油助燃复合再生技术研究[D].北京:北京交通大学,2017.

第8章　后处理装置机舱监测系统

鉴于我国船舶大气污染防治的紧迫形势,为响应《中华人民共和国环境保护法》《中华人民共和国大气污染防治法》要求和生态环境部制定的船舶发动机排放标准,应加强船舶污染物排放控制。面对船舶大气污染防治,光靠尾气处理装置的硬件支持是远远不够的,还需要机舱监测系统等软件支持。

8.1　加载 DPF 对颗粒物排放的影响

图 8.1 为加载 DPF 前后在柴油机尾气中检测到的颗粒物质量分数,在加载 DPF 与未加载 DPF 的情况下,颗粒物的排放有明显的不同。加载 DPF 后,颗粒物大部分被捕集,在额定转速 1 500 r/min 时,颗粒物的值稳定在 1.58×10^{-6} 左右,相比于未加载 DPF 之前的 22.48×10^{-6},减少了 20.9×10^{-6},降低了约 93%。可见加装 DPF 对降低柴油机尾气中的颗粒物含量有非常显著的效果。

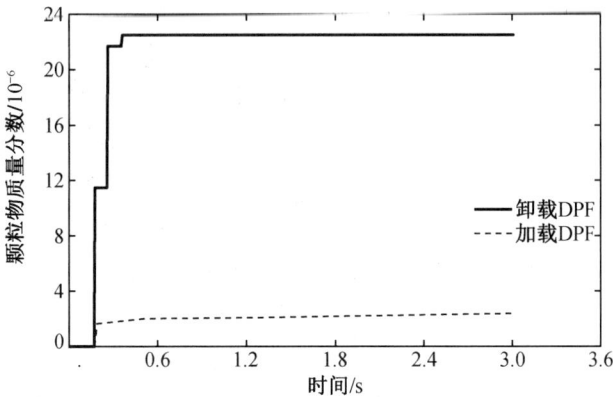

图 8.1　加载 DPF 前后尾气中颗粒物的质量分数

8.2　加载 DPF 对柴油机工作性能的影响

8.2.1　对气缸压力的影响

为研究 DPF 对柴油机气缸压力的影响,选取柴油机外特性下不同转速所对应的气缸压力作为基准,对加装干净的 DPF 和颗粒物加载量为 4 g/L 的 DPF 进行仿真,结果如图 8.2、图 8.3 所示。

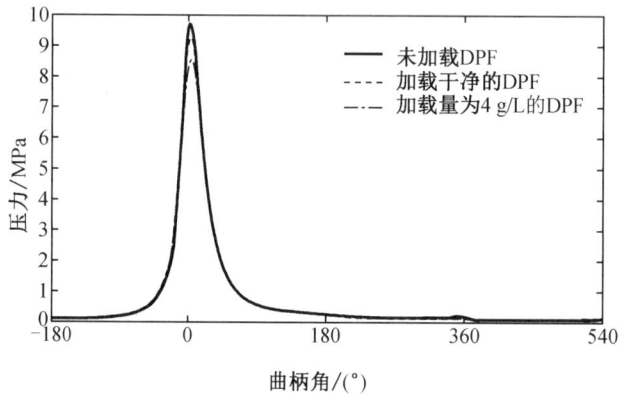

图 8.2　气缸压力变化对比图

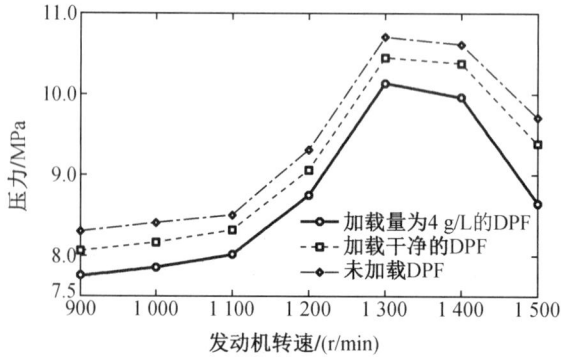

图 8.3　气缸内最高爆发压力

由图 8.2、图 8.3 可以看出,DPF 对柴油机气缸的压力影响不大,仅在中速时略有降低。这是因为气缸内最大爆发压力与点火时间、燃烧室形状、燃烧控制策略和燃油喷射率密切相关。对于安装干净的 DPF 和安装 DPF 加载一定颗粒物的柴油机,排气背压的增加会降低冲量系数,导致气缸压力降低。

8.2.2　对功率的影响

柴油机功率是衡量发动机性能的重要指标,此处选取不同转速时柴油机有效功率作为基准,对未加载 DPF、加载原装 DPF 和碳烟加载量为 4 g/L 的 DPF 的进行仿真,结果如图 8.4 所示,具体数值如表 8.1 所示。

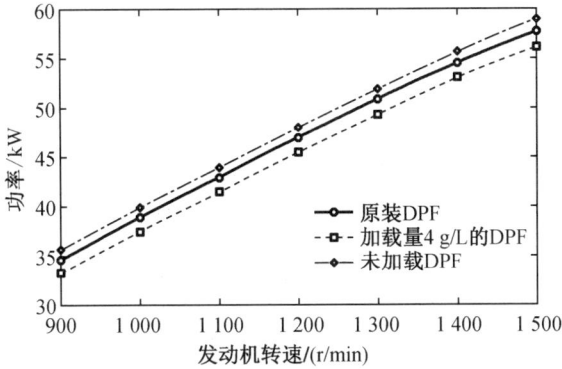

图 8.4　功率变化对比图

表 8.1　不同工况功率对比

转速 /(r/min)	功率(未加载 DPF) /kW	功率(加载原装 DPF) /kW	功率(碳烟加载量为 4 g/L 的 DPF)/kW
900	35.55	34.87	34.24
1 000	39.85	39.18	38.47
1 100	43.86	43.01	42.41
1 200	47.87	46.95	46.38
1 300	51.79	50.90	50.10
1 400	55.65	54.78	53.85
1 500	58.92	57.63	56.89

由图 8.4 可以看出,加载 DPF 后,有效功率下降幅度较小,7 个额定工况点中最大降幅为 2%,柴油机动力损失最高为 1.3 kW,与柴油机动力特性试验数据基本相符。当 DPF 中的碳烟加载量为 4 g/L 时,相比加载原装 DPF,有效功率继续小幅下降。在 1 500 r/min 时,降幅达到 3.5%,这是由排气背压升高使得气缸内废气增多,柴油机的充量系数下降,动力性能下降所致。随着 DPF 中颗粒物沉积和密度的增加,排气背压逐渐升高,柴油机动力性能有所下降。

8.2.3　对燃油消耗率的影响

柴油机的燃油消耗率指单位有效功率、时间内的耗油量,一般用比油耗表示[单位 g/(kW·h)][1]。为探究 DPF 对柴油机燃油消耗率的影响,选取转速 900~1 500 r/min 对应的燃油消耗率进行仿真计算和分析。具体结果如图 8.5 和表 8.2 所示。

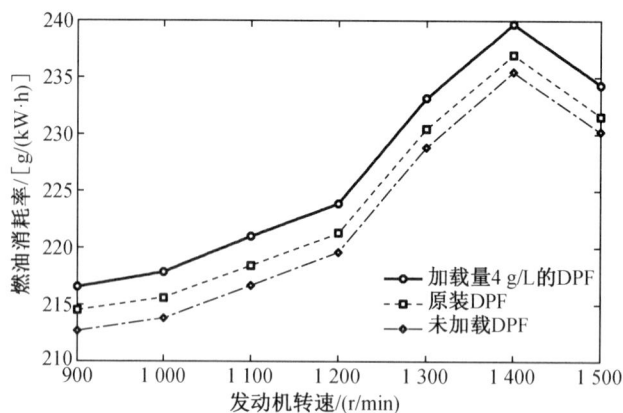

图 8.5　耗油量变化对比图

表 8.2　柴油机燃油消耗率变化对比

转速/(r/min)	燃油消耗率(未加载 DPF)/[g/(kW·h)]	燃油消耗率(加载原装 DPF)/[g/(kW·h)]	燃油消耗率(碳烟加载量为 4 g/L 的 DPF)/[g/(kW·h)]
900	212.61	214.56	217.53
1 000	213.76	215.63	218.83
1 100	216.65	218.42	221.93
1 200	219.56	221.23	224.85
1 300	228.88	230.43	233.12
1 400	235.46	236.91	239.64
1 500	230.13	232.53	235.27

由图 8.5 可以看出,与未加载 DPF 的柴油机相比,加载原装 DPF 时燃油消耗率增加 1%。DPF 颗粒物加载达到 4 g/L 时,柴油机燃油消耗率增加约 2.5%。柴油机喷油量由喷油压力和喷油针阀开启时间决定,但随着排气背压的增加,柴油机的有效功率降低,燃油消耗率增加[2-4]。同时,排气背压的升高也会导致气缸内废气增加,燃烧效率降低,增加燃油消耗量[5]。

8.3　柴油机工况对 DPF 性能的影响

8.3.1　排气流量的影响

除过滤体自身结构外,柴油机排气流量和排气温度也影响颗粒物的捕集效果与颗粒物排放量[6]。为准确研究排气流量对捕集特性的影响,本节选取排气流量为 130 L/s、

150 L/s、170 L/s、190 L/s、210 L/s 下的加载过程,对 DPF 性能的影响如图 8.6~图 8.8 所示。

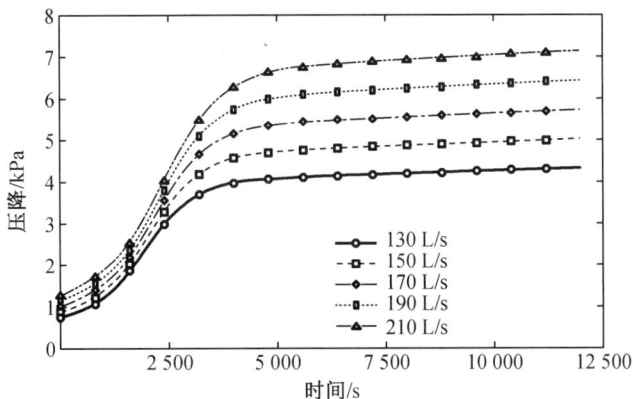

图 8.6 排气流量对 DPF 压降的影响

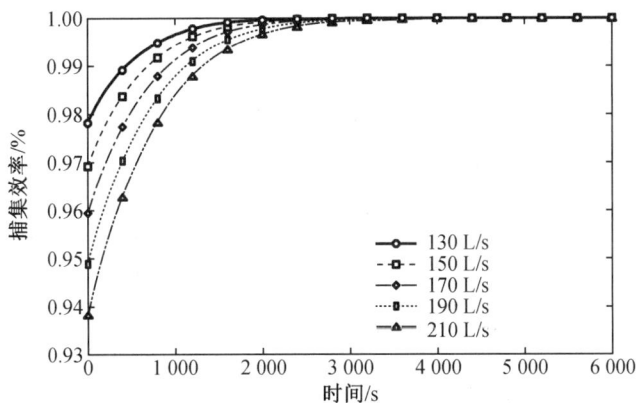

图 8.7 排气流量对 DPF 捕集效率的影响

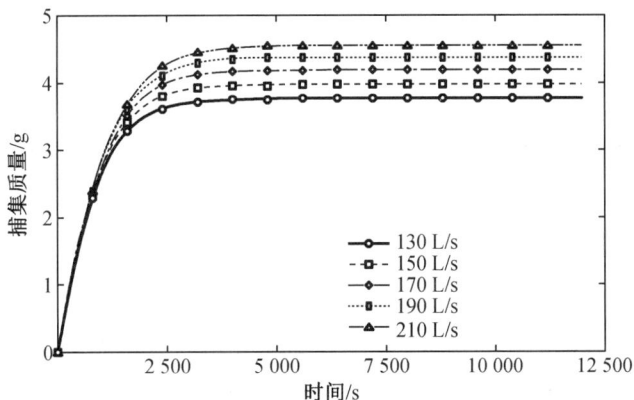

图 8.8 排气流量对 DPF 壁面捕集质量的影响

如图 8.6 所示,同一时间下入口流量增大时,压降也随之升高[7-8],随着时间的延长,压降会进一步增大,大流量时有更多的颗粒物被捕集在壁面内,流阻也同样会增加,导致总压力增加。

由图 8.7 可知,当排气流量为 130 L/s 时,初始捕集效率为 97.85%,当排气流量为 210 L/s 时,初始捕集效率是 93.75%。初始捕集效率随着随入口流量的增大而减小,因为流量增大使流速增大,颗粒物运动惯性增大,布朗运动较弱,颗粒物通过壁面的概率就会增加。

由图 8.8 可知,由于壁面流量增加,其上附着的颗粒物也随之增加,导致壁面捕集的颗粒物质量也会有所增加,最大质量由 3.74 g 增加至 4.61 g。

8.3.2 排气温度的影响

为研究排气工况对过滤体性能的影响,本节分别选取了柴油机排气温度 550 K、600 K、650 K、700 K、750 K 加载过程,对 DPF 捕集特性的影响结果如图 8.9~图 8.11 所示。

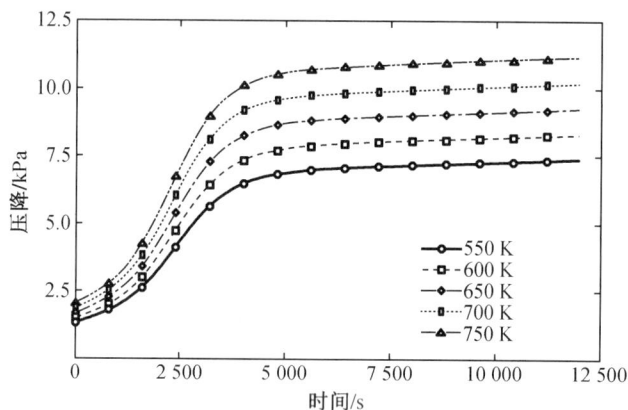

图 8.9 排气温度对 DPF 压降的影响

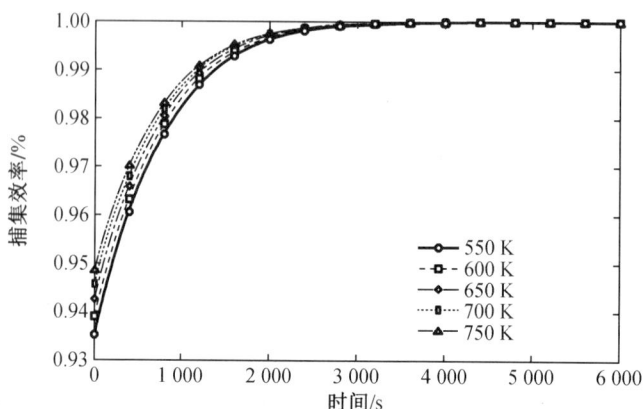

图 8.10 排气温度对 DPF 捕集效率的影响

由图 8.9 可知,当排气温度由 550 K 增加到 750 K 时,在 12 000 s 时压降由 7.36 kPa 上升到 11.17 kPa,高的排气温度代表着高的流速,导致了更高的压降。

由图 8.10 可知,较高的排气温度会产生较高的初始捕集效率。当温度由 550 K 变化至 750 K 时,初始捕集效率由 93.50%。上升至 94.90%,初始捕集效率并未有太大的变化。

由图 8.11 可知,壁面捕集质量随着温度的升高略有下降,最大质量由 4.61 g 下降至 4.38 g。温度变化过小,因此捕集效率和壁面捕集质量的变化都很小。

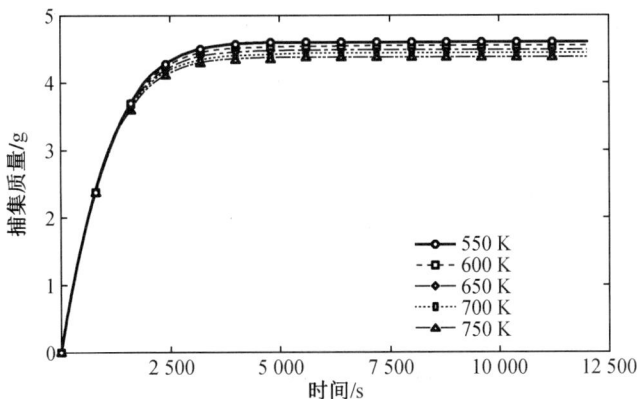

图 8.11　排气温度对 DPF 壁面捕集质量的影响

8.4　机舱检测系统硬件设计与实现

机舱检测系统的硬件部分包括机舱中各种报警信号采集模块和远程通信模块两部分。报警信号采集模块主要包括测功器、进气流量计、烟度计、油耗仪、温度传感器、压力传感器、前置放大器、滤波电路几个部分。远程通信模块主要由单片机、信号发送模块、存储器、打印机、显示器、电源电路等组成。机舱检测系统硬件组成如图 8.12 所示[9]。

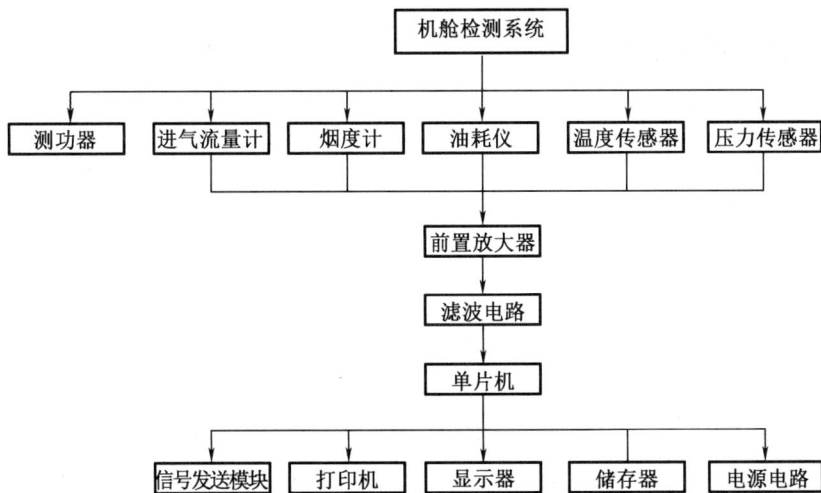

图 8.12　机舱检测系统硬件组成框架

监测系统通过对软件设计的分析,可以更加明确整个系统的工作原理和设计思路。系统软件包括两部分:监测终端软件和远程服务器监测软件。监测终端软件即为单片机 MC9512XS128 编程软件,可以在 Code Warrior 开发环境中进行开发,可生成可执行文件并下载到单片机中,主要完成监测传感器数据的采集控制、A/D 转换、发送等功能;远程服务器监测软件是远程计算机软件,主要完成对各种电信号数据的接收、显示、存储及报警等功能。系统主程序流程图如图 8.13 所示[9]。

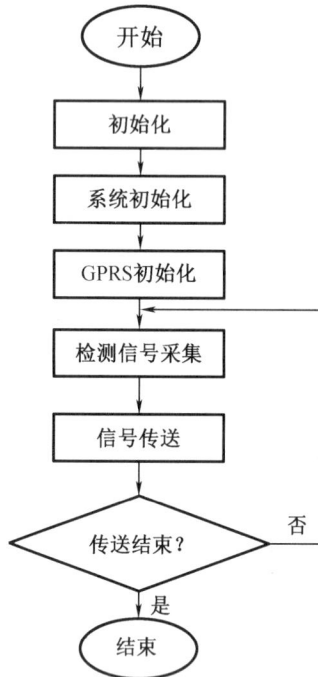

图 8.13　系统主程序流程图

8.4.1　测功器的选用

测功器常见的类型有水力测功器、电力测功器和电涡流测功器等。这几种测功器可再细分选型,在此不做详细介绍。测功器用途为台架试验,因此选用响应时间短、精度高且具有较宽转速和功率调节范围的电涡流测功器[10-11]。

选用仪器型号:DW-260。

这台测功器的功率范围为 5~1 500 kW,许容转速高,转动惯量小,测量精度高,对突变负荷响应快,不受冷却进水压力变化的影响,尤为适用于自动化的试验台架,与具有自动化控制功能的电控柜配套,能实现远距离操纵及数显测量[12-16]。

具体参数:额定吸收功率为 260 kW,主轴最高转速为 7 000 r/min,最大制动力为 1 445 N,最大转矩为 1 379 N·m,最大耗水量为 6 000 L/h,主轴中心高为 600 mm。

图 8.14 所示为 DW-260 电涡流测功器特性曲线。

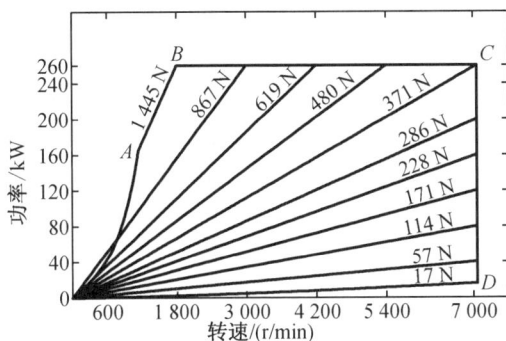

图 8.14　DW-260 电涡流测功器特性曲线

8.4.2　尾气分析仪的选用

目前在各类发动机试验中,常见的尾气取样方式有:①原始排气连续采样,也就是人们常说的直接抽气采样法;②对原始排气进行不间断的分组采样;③全流定容稀释采样 CVS(包括袋采和颗粒物取样系统);④变稀释比的部分流稀释(例如常见的 SPC472 系统);⑤变稀释比的部分流稀释(例如 BMD);⑥恒定稀释比的部分流稀释[17]。其中气体污染物的主要采样方式为直采和 CVS 通道采样,颗粒物收集测量方法主要为部分流稀释和全流稀释。涉及稀释比的取样方法都需要加装稀释系统。

本试验气体污染物的检验方式选定为直采,选用 HORIBA MEXA-7000 系列的 7000SLE 分析仪。此仪器也常被用于汽车台架试验的尾气检测,符合排放检测装置最新国际标准。在此分析仪中最大可搭载 10 个分析单元,能够以动态单量程对 CO、CO_2、THC、CH_4、NO/NO_x、N_2O、SO_2、O_2 进行连续同时检测。分析仪带有部分模块,能够检测样气流量、样气入口压力、环境温度、环境湿度等,方便后续精确计算和去除湿度干扰值。

8.4.3　进气流量计的选用

进气流量计的类型比较多,常见的有容积式流量计、速度式流量计、差压式流量计等。考虑到试验介质主要为空气,选用层流流量计。层流流量计属于差压式流量计,即为运用测量仪器两端的压差达到测量效果的仪器。

因为流量计安装在 DPF 之前,测量 DPF 进气管道内直径为 102 mm,所以选择出口管径为 DN100 型号。流量计具体性能参数为管道内径 200 mm(这里指中间部分),流量 0(12)~600 m^3/h(括号内数据为保证精度条件下的最小流量),质量约为 8.5 kg。

8.4.4　烟度计的选用

尾气中的颗粒物按分子结构可以分为碳氢(机油)、碳氢(燃油)、碳、水、硫、金属和其他微量成分,不同油品也会导致尾气排放成分有所差异。在发动机试验台架上柴油机排放测量系统的测量仪器有滤纸式烟度计、不透光式烟度计和运用稀释系统对原始气体稀释后再进行测量的部分流系统和全流系统。

本试验选用的烟度计为部分流稀释系统,型号为 SPC472。实际应用中部分流系统

SPC472 常用于检测尾气排放,因为 SPC472 能检测全部的柴油机颗粒成分,这个特点和全流系统和 AVL CEC Series CFV CVS 相同。虽然全流系统能够检测全部的柴油机尾气颗粒物,但此装置结构复杂,使用不便,体积庞大,因此选用了较低要求的部分流系统。不选取滤纸式烟度计和不透光式烟度计的原因是本试验最终目的是构建能满足欧洲排放标准 V 的尾气处理系统,滤纸式烟度计和不透光式烟度计的测量精度都较差,测量单位为 mg/m³,而排放标准中使用单位为 g/(kW·h),后续的换算也不方便。

8.4.5　油耗仪的选用

常见的油耗仪按照测量方法大致可分为 4 种:容积式油耗仪、质量式油耗仪、流量式油耗仪和流速式油耗仪,其中使用较为普遍的是容积式和质量式油耗仪[18]。

本试验选用的油耗仪型号为 HZB2000,是质量式油耗仪,测量范围为 500~20 000 g,测量精度优于 0.4%,分辨时间为 0.1 g,分辨质量为 0.1 g,测量方法为定时定重。

该柴油机使用纯柴油的燃油消耗率为 229 g/(kW·h),额定功率为 50.3 kW,即运转 1 h 消耗燃油 11 518.7 g,运转 10 min 消耗燃油 1 919.8 g,由表 8.2 可知均在测量范围内。

8.4.6　温度传感器的选用

常用的温度传感器主要分为 3 类:铂电阻传感器、热电偶传感器、热敏电阻传感器。其中热敏电阻传感器测量范围很小,只有 -50~200 ℃,热电偶传感器测量高温较准,低温误差较大。因此,选用稳定性能好、误差小的铂电阻传感器[19]。

所选传感器参数:分度号 K 型,测量范围为 0~500 ℃,允许误差为 1 ℃,热响应时间为 0.05 s。试验所用柴油机排气口初温为 200~400 ℃,因此满足条件。

8.4.7　压力传感器的选用

压力传感器在本试验中的作用为检验 DPF 前后管道中的气体的压差,得到压降,因此选用压差类型的传感器,又因检测介质为气体,故选用的压差传感器参数如下:

型号:932312S-2232156-100。

传感器参数:排气量为 10 m³/min,排气压力为 0.8 MPa,功率为 75 kW,额定转速为 2 794 r/min。此传感器为容积式传感器。

在对前后两次监测现场工况进行分析发现,设备安装前,船舶在正常运行工况下,烟气黑度较为明显,现场能闻到较强的刺激性气味。设备安装后,在船舶正常工况下,排放烟气呈现雾状,基本无黑色颗粒物产生。在监测过程中,监测到的 SO_2 当量较小,其主要原因可能为监测时气体经减排装置处理后,排出气量较少,使所测 SO_2 含量低于方法检出值,在监测时不能检出具体限值。后期计划将尾气处理装置进行永久性安装,并委托有相应资质的监测公司对其在同一工况下,与排放限值标准同一检测方法下进行安装前后数据检测,确保检测数据的真实性、有效性与可靠性。

参 考 文 献

[1]　杨文杰.矿用防爆柴油机尾气污染控制技术探讨[J].中州煤炭,2014(7):75-78.

[2]　唐成章,毕玉华,徐松,等.DPF 对柴油机性能影响的仿真研究[J].车用发动机,2018(1):50-54.

[3]　杨彬彬,贾寿珂,巩俶好,等.内燃机燃油消耗率检测方法综述[J].小型内燃机与车辆技术,2021,50(1):85-90.

[4]　欧子阳.重型特种柴油车的尾气净化和 DPF 电加热再生技术研究[D].北京:北京交通大学,2021.

[5]　邓俊,李笑杰,李梦迪,等.基于燃烧器的 GPF 快速累灰测试方法及其应用[J].润滑油,2021,36(2):24-33.

[6]　吁璇.柴油机喷油助燃再生微粒捕集器的设计与数值研究[D].长沙:湖南大学,2010.

[7]　蒋明虎,谭放,金淑芹,等.基于 Fluent 网格变形的旋流器的形状优化[J].化工进展,2016,35(8):2355-2361.

[8]　杨博文.固液旋流分离器分离特性实验研究[D].武汉:武汉工程大学,2018.

[9]　李海凤.基于 MC9S12 的船舶机舱远程监测系统研究[J].船电技术,2013,33(7):1-2.

[10]　孟健.舰船双柴油机推进[D].上海:上海交通大学,2010.

[11]　王乐.柴油机双机并车系统的数学模拟和智能化控制研究[D].上海:上海交通大学,2010.

[12]　庞宏磊,王炳辉,陈锴.冷却水温度变化对柴油机油耗率与排放的影响[J].内燃机车,2012(4):1-4.

[13]　庞宏磊.渔船柴油机冷却水恒温控制与节能研究[D].宁波:宁波大学,2012.

[14]　徐立.热能与动力工程课程融合的开放性实验平台探索[J].中国教育技术装备,2015(10):151-153.

[15]　祁亮.多机并车联合动力装置综合实验台的设计和试验研究[D].武汉:武汉理工大学,2012.

[16]　魏晓燕.发动机性能试验质量评价与控制技术研究[D].淄博:山东理工大学,2009.

[17]　王凤滨.基于全流和部分流稀释采样系统测试柴油发动机排放的相关性分析[D].武汉:武汉理工大学,2009.

[18]　宋云峰.超声波汽车不解体油耗分析仪现场应用研究[D].沈阳:东北大学,2008.

[19]　谢斌.直流无刷电机变频调速中反馈系统研究及实现[D].武汉:华中科技大学,2007.

第9章　展望和应用

微波再生为轴向通气的旋转式连续分区再生,系统加热迅速、均匀,并且不需要任何形式的火焰传播,能量利用率高,效率更高,且能提高空间利用率,减少拆卸和安装过滤体带来的不便。

本书中提出的改良装置能提高净化柴油机尾气的效果,使其足以符合国家排放标准;并能自动再生过滤体,无须拆卸,保证装置持续高效运行,并减少拆卸和安装过滤体带来的技术问题,降低技术人员的技术要求。改良过滤体结构的装置解决了传统的船舶柴油机在消耗化石燃料时造成的巨大的环境污染问题,符合低碳环保、可持续发展的时代要求。

研究结果表明:加载 DPF 装置后柴油机尾气中颗粒物大幅降低,吸收效率达到 90% 以上。加载 DPF 装置后柴油机缸内压力为 9.18 MPa,柴油机功率扭矩有所下降,碳烟加载量为 4 g/L 时,降幅加大,达到 3%~4%,柴油机动力性有所下降。加载 DPF 后柴油机燃油消耗率增加 1%~3%。柴油机排气流量的增大会导致压降升高、捕集效率降低,排气温度的升高提高了捕集效率,但对压降无太大影响。

结构优化后的 ACT 结构 DPF,孔隙率、壁厚更适用于大型柴油机,在深床捕集阶段有更高的过滤效率。在碳烟层捕集阶段,ACT 结构 DPF 尾气流动更稳定,形成的碳烟层更致密,因而稳定过滤效率更高。综合来看,改进后的 ACT 结构 DPF 的过滤效率提高 5% 以上。

船舶柴油机双通道 DPF 尾气处理装置结构相对复杂,适用于大型船舶复杂的工作环境,装置在小型船舶上实用性、经济性不高。因而装置需进一步简化,使其能适用于更多的船舶类型。